10 SOLUCIONES SIMPLES
PARA VENCER LA ANGUSTIA

Kevin L. Gyoerkoe
Pamela S. Wiegartz

10 SOLUCIONES SIMPLES
PARA VENCER LA ANGUSTIA

Cómo serenar su mente, relajar su cuerpo
y recuperar su vida

México • Miami • Buenos Aires

Título original: *10 Simple Solutions to Worry*

10 soluciones simples para vencer la angustia
© Kevin L. Gyoerkoe y Pamela S. Wiegartz, 2009

Quarzo

D. R. © Editorial Lectorum, S. A. de C. V., 2009
Centeno 79-A, col. Granjas Esmeralda
C. P. 09810, México, D. F.
Tel. 5581 3202
www.lectorum.com.mx
ventas@lectorum.com.mx

> L. D. Books, Inc.
> Miami, Florida
> sales@ldbooks.com

> Lectorum, S. A.
> Buenos Aires, Argentina
> ventas@lectorum-ugerman.com.ar

Primera reimpresión: octubre de 2010
ISBN: 978-970-732-289-9

© Traducción: Silvia Espinoza de los Monteros
© Portada: Perla Alejandra López Romo

Impreso y encuadernado en México.
Printed and bound in Mexico.

DEDICATORIA

Para Jackie, Jake y Buddy
-KLG

Para Tommy y Mike
-PSW

RECONOCIMIENTOS

Queremos agradecer a nuestros editores de New Harbinger Publications, Tasilya Hanauer, Heather Mitchener y Jasmine Star, por su apoyo y colaboración en la preparación de este libro. Asimismo queremos agradecer a Laura Miller, doctora en Medicina, y a Radmilla Manev, doctora en Medicina, por leer los primeros borradores y otorgarnos una valiosa retroalimentación sobre la manera de mejorar el contenido de este volumen.

De igual manera, tenemos mucho que agradecerles a los investigadores que dedicaron su profesión a la mejor comprensión y tratamiento de la ansiedad. Entre los responsables de haber desarrollado y estudiado los tratamientos descritos en el presente libro se encuentran David H. Barlow, Thomas D. Borkovec, Aaron T. Beck, Michel J. Dugas, Robert Ladouceur, Adrian Wells, Richard G. Heimberg y Michelle G. Craske.

Por último y más importante, queremos agradecer a nuestros pacientes por habernos enseñado tanto como nosotros a ellos sobre cómo vencer la ansiedad.

INTRODUCCIÓN

Dígale a la gente que usted está escribiendo un libro sobre la angustia y la reacción será casi siempre la misma: "¡Quiero una copia!". Por supuesto que si está usted escribiendo un libro sobre la angustia, eso es exactamente lo que desea escuchar. Sin embargo, esta respuesta hace resaltar también la generalidad de la angustia en el mundo actual. De hecho, vivimos en una época de angustia. Nuestra época está repleta de la fatídica sensación de que el peligro acecha en cada rincón. Y no son únicamente las dramáticas y notables amenazas las que nos preocupan; también nuestra vida diaria. Nos angustiamos por nuestras finanzas, nuestra salud, nuestras relaciones y nuestros hijos. ¡En realidad, nos angustiamos por lo mucho que nos angustiamos!

Tal vez deberíamos. Si usted sufre de una excesiva e incontrolable angustia, sabrá entonces que ésta puede provocar problemas importantes. Las personas que padecen de angustia crónica sufren síntomas físicos tales como jaquecas, dolor de espalda, diarrea e insomnio. Las relaciones familiares se vuelven distantes y tensas, además de que se caracterizan por una marcada argumentación, irritabilidad y rechazo. Aumenta el consumo de alcohol, así como el desarrollo de otros trastornos mentales tales como la depresión o los ataques de pánico. Disminuye la productividad en el trabajo para dar lugar a la desidia, y las actividades placenteras, como el ejercicio o las salidas a cenar, son pospuestas. La angustia crónica realmente afecta todas las áreas de la vida.

Afortunadamente existe una esperanza. *10 Soluciones simples contra la angustia. Cómo serenar su mente, relajar su cuerpo y recuperar su vida* aborda específicamente el problema de la angustia crónica. Al utilizar los métodos científicamente probados de la Terapia Cognitiva Conductual, CBT (Cognitive Behavioral Therapy), el presente volumen se convierte en una receta para aquellos que sufren de angustia crónica. En él encontrará una guía concisa que describe a fondo las estrategias de la CBT para controlar la angustia. Tales estrategias fueron cuidadosamente elegidas por el importante impacto que tienen en el tratamiento de ésta.

No obstante la severidad de la angustia, la investigación ha demostrado que las estrategias que aquí se presentan pueden ser notablemente eficaces. Por ejemplo, un estudio realizado por Thomas Borkovec, comparó la CBT y las técnicas de relajación con un método terapéutico más tradicional. El estudio demostró que aquellos que padecían angustia crónica mostraban la mayor mejoría al ser tratados con las técnicas de relajación o con la CBT (Borkovec y Costello, 1993). Otro estudio realizado por Robert Ladouceur y sus colegas demostró que el tratamiento cognitivo conductual contra la angustia, utilizando estrategias similares a las descritas en este volumen, tales como la exteriorización de la angustia y la aceptación de la incertidumbre, también era eficaz en el tratamiento de la angustia crónica (Ladouceur, Dugas, y otros, 2000).

Asimismo, podemos testificar el valor de estas técnicas porque las utilizamos cada día en nuestras prácticas. De hecho, hemos utilizado cada uno de los pasos descritos en este volumen para ayudar a cientos de pacientes a aprender a dominar la angustia. Y seguimos utilizando estas estrategias porque sí funcionan.

Nos da un gusto enorme traerle a usted estas técnicas vanguardistas. En nuestra diaria labor, escuchamos con frecuencia que la CBT contra la angustia no está ampliamente disponible. Lamentablemente, a pesar de la rápida expansión de la CBT en las últimas décadas, esto resulta ser verdad incluso en una ciudad tan grande como Chicago, donde ejercemos. Escribimos este libro para salvar las distancias y ofrecerle a usted las mismas herramientas que nuestros pacientes encuentran tan útiles. Confiamos en que, con estas herramientas, usted pueda también vivir la vida sin sufrir la tan improductiva angustia.

CÓMO UTILIZAR ESTE LIBRO

Conforme avance en su lectura, notará que cada capítulo está dividido en dos partes. Primero, describimos una técnica específica para dominar la angustia. Segundo, ofrecemos varios ejercicios de autoayuda de tal manera que pueda usted aplicar con la práctica la técnica contra su angustia. Hemos incluido estos ejercicios de autoayuda porque resultan esenciales para que alcance el éxito. Si realmente desea aprender a manejar su angustia, es importante que realice los ejercicios.

Para vencer la angustia se requiere de tiempo y esfuerzo. Es muy importante que tenga a la mano lápiz y papel —de igual manera que lo hacen nuestros pacientes— y que se ponga a trabajar.

Además de realizar los ejercicios de autoayuda, recibirá el máximo beneficio de este libro si sigue las siguientes sugerencias:

• Llévelo consigo. Está diseñado para que pueda llevarlo con usted, de tal manera que pueda dominar su angustia siempre que lo acometa.

• Adquiera una libreta específicamente para realizar los ejercicios de autoayuda.

- Utilícelo como un suplemento de la terapia. La autoayuda y la terapia a menudo funcionan juntas. Si actualmente se encuentra usted en terapia contra la angustia, podrá ayudarle a progresar a cada paso.
- Felicítese por sus esfuerzos. Es difícil lograr un cambio, por lo tanto se merece usted algo por su arduo trabajo. Puede ser algo pequeño, como un postre o algo mayor, como unas vacaciones. De cualquier manera, recompénsese por trabajar tan fuertemente para vencer su angustia.

Le deseamos la mejor de las suertes en la búsqueda por refrenar su angustia. En cada una de nuestras prácticas, hemos sido testigos directos de los beneficios que trae el aprender a dominarla. Hemos visto cómo la alegría, la tranquilidad y la productividad retornan a la vida de nuestros pacientes. Esperamos que este volumen le traiga los mismos beneficios.

1. CONOZCA LA ANGUSTIA

Conocer la angustia puede resultar difícil y estimulante a la vez —incluso para los psicólogos y terapeutas—. En este capítulo, le quitaremos el misterio a la angustia definiéndola claramente, explicando la diferencia entre la angustia productiva e improductiva y describiendo las cuatro formas principales en las que la angustia puede afectarlo. Asimismo, le explicaremos lo que es el automonitoreo, una técnica que le ayudará a entender —y controlar— su propia angustia.

¿Qué es la angustia?

Asombrosamente, a pesar de ser una experiencia humana universal, la angustia ha probado ser notablemente difícil de definir claramente (Mennin, Heimberg y Turk, 2004). Hasta hace poco los investigadores han desarrollado un claro entendimiento de la angustia. A través del intenso análisis de las personas que se angustian excesivamente, ahora sabemos que una definición precisa de la angustia consiste de tres partes fundamentales: la orientación hacia el futuro, la exageración y el razonamiento basado en el lenguaje.

El primer elemento fundamental de la angustia es una orientación hacia el futuro. En otras palabras, al angustiarse se concentra, invariablemente, en algo que podría suceder pero que no ha sucedido aún. Esta idea puede parecer un poco contenciosa. De hecho hasta se podría estar en desacuerdo. Tal vez se pudiera argumentar que uno se angustia por las cosas que están sucediendo en este preciso momento y no en el futuro. Sin embargo, un análisis más detallado podría revelar la verdad: la angustia es como una bola de cristal que lo atormenta con la aterradora visión del futuro.

Veamos un ejemplo. Supongamos que usted va camino a una importante reunión cuando, repentinamente, la llanta de su auto sufre una pinchadura. Como resultado, siente ansiedad, tensión y angustia. Sin embargo, antes de que concluya que su actual predicamento es lo que lo tiene angustiado, hágase la siguiente pregunta: ¿su angustia se debe realmente a la pinchadura?, ¿o le angustian las posibles consecuencias de una pinchadura? Si se siente angustiado, su mente seguramente estará repleta de pensamientos sobre las futuras consecuencias. Tal vez piense: "¿cuánto me va a costar esto? ¿Qué sucederá si llego tarde a esa reunión tan importante? Podría haberme matado, ¿serán seguras mis llantas? Probablemente tenga que cancelar mi cita de esta noche". Como podrá ver, cuando la angustia lo acomete —aun durante un suceso negativo como lo es una pinchadura— ésta provoca dolor al visualizar en el futuro los desastres que aún no suceden.

Por supuesto, el simple hecho de concentrarse en el futuro no captura por completo la esencia de la angustia. Después de todo, una visión positiva del futuro puede hacerlo sentir esperanzado y emocionado, igual que si se antepusiera a unas relajantes vacaciones o a una importante cita. Para que tenga lugar la angustia, sus pensamientos sobre el futuro no pueden ser esperanzadores ni positivos. Necesitan ser catastróficos, lo cual constituye el siguiente elemento fundamental para la angustia. Esto se debe a que al angustiarse, usted piensa en el futuro bajo una luz muy negativa. Sus pensamientos se concentran casi exclusivamente en las peores consecuencias y en todas las implicaciones catastróficas de su espantoso futuro.

David, un empresario de Chicago, ejemplificó este catastrófico proceso mental. Al ingresar a la terapia, recién había iniciado su primer negocio, una heladería italiana. Abrir esta tienda en un vecindario moderno y elegante había sido el sueño de David. Había pasado la mayor parte de su tiempo en su trabajo anterior soñando con esto. Siempre se emocionaba al imaginarse dando la bienvenida a sus clientes y sirviéndoles su helado favorito en un caluroso día de verano.

Sin embargo, cuando llegó el momento de abrir las puertas de su negocio, David se sentía increíblemente ansioso y angustiado. La alegría y el entusiasmo que había sentido antes se esfumaron y fueros reemplazados por el temor y el terror. ¿Por qué el repentino cambio? La razón es simple: David pasó de imaginarse todas las alegrías que significaban manejar su propio negocio a concentrarse únicamente en las catastróficas probabilidades del futuro. Todo el día su mente se inundó de pensamientos negativos al estilo de "¿qué tal si fracaso? No podré recuperar mi antiguo empleo. Mi reputación se arruinará. Nadie me querrá contratar. ¿Cómo pagaré mis deudas? ¿Quién pagará la colegiatura de mi hijo que está en la universidad? Mi esposa me dejará. Mi hijo estará resentido conmigo. No podré mantenerlo. Perderé mi casa. Terminaré sin dinero y quebrado. Seré el hazmerreír. Será el fin de mi vida".

Como podrá observar por la ofuscante muestra de angustia de David, sus pensamientos coinciden con nuestros dos primeros criterios de angustia: usted está concentrado en el futuro y está pensando de manera catastrófica.

La clave última de nuestra definición de preocupación fue descubierta por accidente. Thomas Borkovec, precursor del análisis de la angustia, se propuso, originalmente, estudiar el insomnio. Durante su investigación con personas que tenían dificultad para dormir, hizo un interesante hallazgo. Descubrió que las personas que tenían dificultad para dormir sufrían de una excesiva actividad mental parecida a la angustia. Asimismo percibió que su actividad mental se expresaba en palabras y no en imágenes. Su trabajo con las personas que padecían de insomnio llevó a Borkovec a elaborar la teoría de que cuando las personas se angustian, piensan casi exclusivamente en palabras. (Borkovec, 1979). Las investigaciones posteriores de Borkovec han confirmado esta teoría (Borkovec e Inz, 1990).

Este trabajo es la base de la clave para definir a la angustia —que consiste principalmente de pensamientos basados en el lenguaje—. Si bien en un sentido normal y relajado, pensamos en palabras e imágenes. Sin embargo, mientras que la angustia por lo general comienza con imágenes aterradoras, éstas se ven bloqueadas cuando las palabras interfieren y dominan su pensamiento. Esto podrá percibirlo usted mismo al concentrarse en sus pensamientos la próxima vez que se angustie. ¿Qué pasa por su mente? Observará cómo su voz interior toma el control. Las imágenes —ya sean aterradoras o de otro tipo— son expulsadas, al igual que la habilidad para pensar en algo más. Sus pensamientos se reducen a un monólogo que vaticina un futuro catastrófico.

Estos tres elementos, la concentración en el futuro, el pensamiento catastrófico y el dominio verbal son los ingredientes que componen a la angustia. Borkovec y sus colegas los resumieron al describir la angustia como "hablar con nosotros mismos sobre cosas negativas que tememos que sucedan en el futuro" (Borkovec, Ray y Stöber, 1998). Tal descripción captura la verdadera esencia de la angustia.

Dos tipos de angustia

Ahora que comprende lo que es la angustia, analicemos dos tipos distintos de angustia: la angustia productiva y la angustia improductiva. Por lo general, nuestros pacientes consideran muy valioso aprender a distinguir estos dos tipos de angustia. Hacerlo les permite reconocer los importantes beneficios de la angustia productiva y establecer una meta más realista para dominar la angustia improductiva. Comprender la diferencia entre estos dos tipos de angustia también puede resultarle a usted de mucha utilidad.

Angustia productiva

Es importante comprender que no toda la angustia es negativa. En realidad, la angustia es una herramienta sumamente importante para nuestra supervivencia. Conforme la humanidad evolucionaba, aquellos que se preocupaban por su siguiente comida —y como resultado, tomaban la acción pertinente para conseguir más alimento— sobrevivían y tenían mayor posibilidad de prosperar; los que no se preocupaban, estaban más propensos a morir de hambre. De la misma manera, la angustia puede ayudarle a resolver problemas y a manejar los peligros en su propia vida. Por ejemplo, si se preocupa por su salud, esto puede alentarlo a hacer cambios positivos, como dejar de fumar o ejercitarse más a menudo. Esas acciones son el resultado de la angustia productiva. La angustia productiva le ayuda a resolver los problemas reales e inmediatos en su vida —como pagar el saldo vencido de una tarjeta de crédito— o lo induce a disminuir un peligro futuro y real —como alimentarse mejor para disminuir el riesgo de un infarto—. En resumen, la angustia productiva se concentra en un problema real y genera pasos claros y específicos para resolverlo.

Angustia improductiva

La angustia improductiva es la base de las soluciones descritas en este libro. Existen dos elementos que conforman a la angustia improductiva. El primero se refiere a que la angustia no genera un curso claro de acción. Uno de los antídotos contra la angustia y la ansiedad es tomar una acción productiva. La ansiedad es su respuesta al estilo de luchar o renunciar, el mecanismo que posee su cuerpo para responder frente al peligro. Éste le ayuda a hacer algo contra ese peligro. Desafortunadamente, eso es imposible con las angustias improductivas porque éstas lo paralizan, frustrando cualquier acción eficaz. En vez de dar pasos específicos para resolver un problema real, se ve atrapado por la ciénaga de la angustia improductiva.

El segundo elemento que convierte a la angustia en algo improductivo es concentrarse en un suceso improbable, como por ejemplo un accidente aéreo o un acto terrorista. Enfrentémoslo: la vida es riesgosa. Nos enfrentamos a muchos peligros cada día. Sin embargo, al concentrar su atención en los peligros remotos pierde tiempo y energía en sentirse inútilmente tenso y ansioso. Peor aún, puede tomar decisiones que disminuyen su calidad de vida si se concentra en esos temores. Por ejemplo, podría sentirse tenso ante la idea de volar por el temor a un accidente aéreo. Ciertamente, los aviones pueden caer y se estrellan. Sin embargo, es estadísticamente raro. Y al evitar volar en avión pierde la conveniencia y la oportunidad que ofrece un viaje en avión —todo por evitar un desastre que es poco probable que suceda—. Compárelo con la angustia productiva —la cual lo mueve a hacer cambios positivos en su vida— y podrá ver por qué la angustia improductiva es tan destructiva.

Ejercicio: ¿su angustia es productiva?

La próxima vez que se descubra a sí mismo en un estado de angustia, determine si se trata de una angustia productiva o improductiva. Puede hacerlo anotando en su libreta una clara descripción de su angustia. Por ejemplo, puede escribir: "Fallaré en mi examen final." Una vez que haya identificado su principal preocupación, hágase las siguientes preguntas:

- ¿Me estoy concentrando en un problema real?
- ¿Se puede resolver el problema?
- ¿La angustia me motiva a tomar una acción?
- ¿Estoy generando posibles soluciones?
- ¿Estoy actuando de acuerdo con esas soluciones?

Si respondió negativamente a cualquiera de las preguntas, habrá más probabilidades de que su angustia sea improductiva, provocándole una innecesaria sensación de nerviosismo, ansiedad y tensión.

Los efectos de la angustia

Angustiarse resulta ser una experiencia que afecta las áreas fundamentales de su vida emocional: lo que piensa, lo que hace, sus sentimientos y su manera de relacionarse con los demás. Para comprender mejor los efectos de la angustia en usted, echemos un vistazo a estos aspectos: cognitivo, conductual, fisiológico e interpersonal.

Cognitivo

El aspecto cognitivo de la angustia consiste en sus pensamientos al sentirse angustiado. Una cognición es simplemente un pensamiento. Tal y como lo mencionamos en nuestra definición de la angustia, pensamientos negativos y catastróficos sobre el futuro dominan su mente al angustiarse. Por ejemplo, las personas que se preocupan por su salud pueden tener pensamientos como "¿qué tal si contraigo cáncer? Tendré una muerte horrible y dolorosa. Mi familia sufrirá viéndome cómo me extingo. Será espantoso. No podría soportarlo. Tan sólo las cuentas médicas me llevarán a la bancarrota. La quimioterapia me hará sentir tan desmejorado. ¿Qué tal si ya tengo cáncer? Podría estar enfermo y ni siquiera estar enterado. ¡Es terrible! No puedo soportarlo".

Conductual

El elemento conductual consiste en su manera de reaccionar a la angustia. Estas respuestas por lo general son de dos tipos. La primera es la intención de reducir su ansiedad con alguna clase de acción. Esto podría significar buscar el consuelo de un amigo cercano o confiar en las conductas compulsivas, como verificar o repetir.

El segundo elemento conductual consiste en la evasión. Evasión significa simplemente mantenerse alejado de lo que provoca su ansiedad o angustia. Esto podría tomar la forma de postergación de una tarea estresante, evadir a un amigo con el que se tiene alguna dificultad o evitar el contacto directo con su jefe porque le preocupa que lo despida.

Fisiológica

La angustia crónica resulta físicamente estresante y puede provocarle una variedad de síntomas físicos. Algunos de los síntomas más comunes que experimentan las personas que la sufren incluyen tensión muscular, dificultad para concentrarse, impaciencia, fatiga e insomnio (Asociación Americana de Psiquiatría, 2000). Asimismo, podría percibir otros síntomas de ansiedad como temblor, sudoración, bochorno, sarpullido, falta de aire, náuseas, diarrea o micciones continuas.

Interpersonal

La angustia no sólo lo afecta a usted, sino que también deteriora su relación con otras personas. Un estudio reciente realizado por la Asociación de Trastornos de la Angustia de América (ADAA, Anxiety Disorders Association of America) hizo resaltar esta problemática (ADAA, 2004). En su investigación descubrieron que las personas que se angustian excesivamente son más propensas a evitar las situaciones sociales y la intimidad con su pareja. La investigación también demostró que la angustia crónica lleva a discusiones más frecuentes y una mayor inasistencia laboral. Si bien la angustia parece afectar negativamente todo tipo de relaciones, el estudio ADAA descubrió que la angustia causaba la mayor alteración en las relaciones amorosas y amistosas.

Éste es un resumen de cómo afecta la angustia en su manera de pensar, actuar, sentir y relacionarse con los demás:

Cognitivo: pensamientos catastróficos y negativos acerca del futuro.

Conductual: conductas compulsivas y de evasión.

Fisiológico: tensión muscular, insomnio, fatiga, impaciencia, falta de concentración.

Interpersonal: evasión a la intimidad, argumentación, irritabilidad, rechazo.

Conozca su propia angustia

Ahora que ya tiene usted una clara definición de la angustia, sabe la diferencia que existe entre la productiva y la improductiva, así como también sus efectos en las principales áreas de su vida, es el momento de que conozca mejor su propia angustia. Por supuesto, parecería que ya está usted íntimamente familiarizado con su angustia porque, si ella es excesiva e incontrolable, podría sentirse angustiado la mayor parte del tiempo. Sin embargo, a menudo descubrimos que nuestros pacientes se sienten abrumados y confundidos por la angustia que experimentan y que se benefician al llevar a cabo un curso intensivo para analizarla. Después de todo, mientras más conozca a su enemigo, más posibilidades tendrá de ganarle la batalla.

Una de las maneras de familiarizarse con ella —y de dominarla— es vigilarla de cerca. Con el simple hecho de dar seguimiento a sus preocupaciones, puede convertir un problema agobiante en algo comprensible y controlable. A continuación le enseñaremos cómo monitorear sus preocupaciones para que sepa exactamente qué es lo que lo angustia y cuándo. Como resultado, adquirirá un mayor control sobre ésta.

Automonitoreo

A la acción de monitorear sus angustias llevando un registro diario de ellas, se le conoce como automonitoreo. Ésta es una técnica eficaz que cuenta con un enorme historial en la terapia cognitiva conductual y ha sido aplicada exitosamente en problemas tan diversos como los trastornos alimenticios (Allen y Craighead, 1999) o la tricotilomanía (Rapp y otros, 1998). Asimismo resulta muy útil en el control de la angustia.

Una de las cosas fascinantes sobre el automonitoreo es la manera en que cambia su comportamiento. De manera notable, si usted hace algo en demasía, como morderse las uñas, el simple hecho de monitorear o vigilar el comportamiento exagerado lo reduce, a veces. Del mismo modo, si no hace mucho de algo, como ejercicio, el monitorear la frecuencia con que se ejercita puede resultar en visitas más frecuentes al gimnasio. Si se aplica el automonitoreo a la angustia, éste resulta, por lo general, en menos carga de ella.

Hemos visto, en primer lugar, los dramáticos efectos del automonitoreo. Uno de nuestros pacientes, un contador de nombre Nick, padeció de una angustia crónica e incontrolable durante varios años. Casi todo el tiempo y especialmente en el trabajo, Nick se sentía angustiado y tenso. Durante la primera sesión, se le pidió que hiciera un seguimiento de su angustia durante las dos siguientes semanas. Vino a la siguiente sesión con una enorme sonrisa. Dijo que ya se sentía mucho mejor y explicó:

—¡Creo que usted espantó a las angustias al pedirme que las siguiera!

Para Nick, el hacer un cuidadoso monitoreo de sus angustias resultó en una mejor sensación de control sobre ellas y una significativa disminución de la cantidad de tiempo que pasaba angustiándose.

Ejercicio: monitoree sus angustias

Puede comenzar a monitorear sus propias angustias anotándolas en una libreta. Para hacerlo, divida una hoja en tres columnas. En la primera columna, anote lo que le preocupaba o angustiaba. En la segunda, anote cuándo se angustió, incluyendo fecha y hora. En la tercera anote qué tan ansioso se sentía en una escala del 1 al 10, siendo 10 la mayor ansiedad.

Consejos para un eficaz automonitoreo

El automonitoreo, como muchas de las estrategias incluidas en este libro, es sencillo mas no fácil. Éstos son algunos consejos para lograr que sus esfuerzos sean más eficaces:

* Tenga a mano su libreta para poder anotar su angustia justo en el momento en que suceda.
* Resista el deseo de anotarlo más tarde. El automonitoreo es más efectivo si se registra de inmediato.
* Sea lo más específico que pueda al describir sus angustias. Evite las descripciones vagas como "me angustia todo" o "simplemente me siento tenso".
* Anote todas sus angustias. El automonitoreo completo y preciso es esencial para dominar la angustia por dos razones: Usted no podrá cambiar nada a menos que esté consciente de la angustia cada vez que suceda y, además, porque será difícil encontrar los temas y los patrones en su angustia si falta alguna información.

Los temas comunes de la angustia

De manera superficial, existe, aparentemente, una infinidad de cosas por las que hay que angustiarse. Si embargo, al monitorear sus propias angustias podrá descubrir algo interesante que los investigadores que estudian la angustia también han descubierto. Sucede que no es el tema insondable que podría parecer. Por el contrario, surgirán algunos temas en común. Por ejemplo, un estudio realizado por Michelle Craske y sus colegas (1989) demostró que las personas tienden a angustiarse más por esto:

- Familia
- Salud
- Economía
- Relaciones
- Trabajo o escuela

¿Le suena familiar? Conforme da seguimiento a sus propias angustias, quizá descubra que se angustia por las mismas cosas. Hay que reconocer que tales categorías son amplísimas —en cuanto a la economía, por ejemplo, podría angustiarse por sus deudas, el mercado accionario, el valor de su casa o su retiro— pero, también simplifican su angustia haciéndola más pequeña y más fácil de controlar. A menudo, la clave para dominarla es saber identificar las cosas que la provocan constantemente.

Ejercicio: ¿qué le angustia?

Ahora le toca a usted identificar las causas de su angustia. A continuación, presentamos una lista de los temas comunes de preocupación. Revise su registro de automonitoreo y señale aquellos que le angustiaron la semana pasada:

- Economía.
- Salud (la propia).
- Salud (la de otros).
- Trabajo o escuela.
- Relaciones.
- Familia.
- Delincuencia.
- Seguridad.
- Otros.

Identifique sus principales angustias

Hasta aquí, usted ha utilizado el automonitoreo para saber qué es lo que lo angustia, cuándo lo produce y cuáles angustias le provocan la mayor ansiedad. Asimismo, podrá utilizar el automonitoreo para obtener una información adicional muy importante: aquello que le angustia más. Conforme monitorea, se dará cuenta de que algunas preocupaciones aparecen una y otra vez. Al identificarlas y dominarlas, podrá vencer gran parte de su angustia.

Ejercicio: ¿cuáles son sus principales preocupaciones?

Después de haber hecho el seguimiento de sus propias preocupaciones, al menos durante una semana, observe cuán a menudo se angustió por cada uno de los temas. ¿Qué le preocupa más a menudo? ¿Su salud? ¿Su economía? ¿Sus relaciones? Tal vez sea su trabajo o su familia. Una vez que haya identificado sus principales preocupaciones, enumérelas en su libreta.

Una estudiante graduada llamada Beth pasó una semana monitoreando sus angustias utilizando esta técnica. Cada día anotaba lo que la angustiaba, cuándo y qué tan ansiosa se sentía en esos instantes. A través del automonitoreo, se dio cuenta de que eran tres cosas las que más le angustiaban: su economía, su salud y la relación con su madre. De esas tres preocupaciones, la economía le provocaba la mayor ansiedad.

Beth descubrió también que se angustiaba principalmente durante los momentos apacibles, como las tardes y los fines de semana. Otras veces, cuando se encontraba más ocupada y más distraída, se angustiaba menos y se sentía con mayor control de su angustia. Al utilizar el automonitoreo, Beth desarrolló cierto control sobre su dolencia porque se hizo consciente de que la angustiaba, cuándo se producía y qué preocupaciones le provocaban la mayor ansiedad. Tal información resultó ser muy valiosa durante la terapia, pues la ayudó a realizar algunos cambios y manejar su angustia de una manera más eficaz. Reunir información de esta manera también le puede resultar a usted muy útil para enfrentarla.

Puntos esenciales

- La angustia consiste en pensamientos catastróficos orientados hacia el futuro y formados, principalmente, por palabras en lugar de imágenes.

- La angustia puede ser productiva o improductiva. La productiva lleva a la acción directa para resolver un problema o reducir un peligro futuro. La improductiva lo paraliza e inhibe la solución del problema.

- La angustia afecta su manera de pensar, actuar, sentir y relacionarse con los demás.

- El automonitoreo, en el cual registra diariamente su angustia, es una técnica eficaz para su control.

- Para monitorearla, haga un seguimiento de lo que le angustia, cuándo y qué tan ansioso se siente.

- Las personas tienden a angustiarse por algunas cosas específicas, incluyendo la economía, la salud, la familia, las relaciones y la seguridad. Utilice sus propios registros de automonitoreo para determinar las cosas que le angustian con mayor frecuencia. Estos temores serán sus principales preocupaciones.

2. COMPROMÉTASE

Iniciaremos este capítulo haciéndole una pregunta: ¿se compromete usted realmente a aprender a manejar su angustia? Sin embargo, antes de responder, es importante comprender lo que se requiere para dominar la angustia. En este capítulo, le daremos la información necesaria para poder decidir si está comprometido a liberar su vida de la angustia crónica. En las siguientes páginas, describiremos el proceso del cambio y le ayudaremos a identificar los costos y beneficios de la angustia crónica. Asimismo, como una menor angustia posee sus ventajas y desventajas, trataremos los pros y los contras de aprender a dominarla. Al final del capítulo se le preguntará nuevamente si está listo para comprometerse a reducirla.

De alguna manera, el comprometerse es el paso más importante que usted puede dar. Comprometerse al cambio y aferrarse a ese compromiso resulta primordial para lograr el éxito. Los métodos incluidos en este libro sí funcionan; sin embargo, requieren de su constante esfuerzo para que logren ser eficaces. Por tal razón es muy importante que se comprometa.

Cómo funciona el cambio

Conforme considera la idea de hacer cambios positivos al reducir la cantidad de angustia en su vida, es importante comprender varias cosas esenciales del proceso de aprender a dominarla. Primero, recuerde que controlarla es una habilidad y el proceso de aprendizaje es similar a las demás habilidades que haya usted dominado. Por ejemplo, piense en aprender a conducir un automóvil. Al principio, resultaba extraño y abrumador. De repente era responsable de tener control sobre algo que nunca antes había tenido que dominar. Parecía imposible recordarlo todo. Debía acelerar, encender su direccional, ver por los espejos, cambiar de velocidad, dar vuelta al volante y no chocar, ¡todo al mismo tiempo! Al igual que todos los nuevos conductores, usted cometió algunos errores. Tal vez, sin querer, se pasó alguna señal de alto o se tardó en detenerse ante una luz roja. ¿Y quién puede olvidarse de su primer tránsito? Sin embargo, después de incontables horas detrás del volante, el conducir probablemente se haya convertido en algo habitual. Dominar la angustia es como aprender a conducir. Al principio, las técnicas parecerán en cierta medida complicadas e inusuales. Quizás hasta se sienta un poco abrumado. Sin embargo, con una constante práctica, ese control pronto se convertirá en algo habitual —como el conducir un auto.

También resulta esencial saber que aprender esa técnica —así como el aprender cualquier otra habilidad— requiere de tiempo y esfuerzo. Aprovechará al máximo los métodos de este libro si se dedica con regularidad a tal práctica. Podemos ver los beneficios del constante esfuerzo si se hace cada día. Entre los pacientes de nuestras prácticas, aquellos que trabajan constantemente en ese control, obtienen, sin duda, mejores resultados.

Conforme avance en las soluciones descritas en este libro, descubrirá que el camino hacia el desarrollo personal está repleto de montañas y valles. Sin embargo, también habrá días en los que, a pesar de sus esfuerzos, resultará difícil mantener su angustia dominada. Eso es algo natural. Está aprendiendo una nueva habilidad y experimentará avances y retrocesos durante su proceso de aprendizaje.

Una de nuestras pacientes, llamada Ellen, resul... ...er un buen ejemplo de los altibajos de este apren... ...aje. Con persistencia y trabajo arduo, logró un ...rme progreso. De hecho, lo hizo tan bien, que al ...l de la terapia, se preguntaba por qué se angustia... ...tanto. Conforme las oscuras nubes de la dolencia ...alejaban de su vida, éstas eran reemplazadas por ... más soleados y tranquilos.

Sin embargo, la angustia reapareció en el hori... ...te de Ellen. En lugar de ver estos peligros previstos ...o un retroceso y sentirse desalentada y vencida, ...n eligió verlos como una valiosa oportunidad para completar sus habilidades. Al poner en práctica sus nuevas habilidades en estas situaciones tan desafiantes, se hizo todavía más experta en controlar la angustia. Como resultado, las veces en que se sentía totalmente angustiada se fueron haciendo más escasas y menos frecuentes.

Las metas realistas

Otro de los aspectos primordiales para lograr los buenos cambios en su vida es establecer metas realistas y factibles. Muchos de nuestros pacientes llegan a terapia con el objetivo de eliminar de su vida la angustia. Tal vez tenga usted el mismo objetivo puesto que está leyendo este libro. Al igual que muchos de nuestros pacientes, tal vez usted también defina el éxito como jamás volver a sentir angustia. Si ha padecido sus terribles efectos, le será fácil comprender por qué se sentía así.

Desafortunadamente, el tratar de eliminar por completo la angustia es un objetivo contraproducente que lo prepara para el fracaso, puesto que es algo inalcanzable. La verdad es que cierta angustia es una realidad de la vida. El problema surge cuando se vuelve persistente, incontrolable e improductiva. Por eso es que hacemos énfasis en la necesidad de establecer el objetivo de dominar la angustia improductiva y no el de eliminarla por completo.

Ejercicio: establecer metas

¿Cuál es su objetivo al leer este libro y realizar los ejercicios? Tal vez le gustaría aprender a dominar una angustia específica, como con sus hijos o su trabajo. O quizás desea aprender estrategias para controlarla en general. Tal vez quiera también dominar ciertas habilidades de su control, como las técnicas de relajación o la comunicación aseverativa. Piense en las metas que desea alcanzar con este libro y anótelas en su libreta.

Las expectativas realistas

Además de comprender el proceso del cambio y de establecer metas claras y razonables, también es importante tomar en cuenta sus expectativas sobre el cambio. Pregúntese cómo espera desarrollar un mejor control sobre su angustia. Tal vez su objetivo sea simplemente leer este libro y sentirse mejor. Desafortunadamente, eso tal vez no funcione. Así como leer un libro de ejercicios no lo pondrá en mejor forma, leer este libro sin realizar los ejercicios no le proporcionará, probablemente, mucho alivio.

O, al igual que lo ven algunos pacientes, quizás piense que intentar algunos de los ejercicios incluidos aquí harán el truco. Desafortunadamente, es probable que tal método fracase ya que la angustia excesiva es un problema crónico. Eso significa que ya ha estado así por algún tiempo. Como resultado, se requiere de tiempo y arduo trabajo. El cambio no ocurre de la noche a la mañana. Dominar las habilidades necesarias para eso requiere de una práctica y de un esfuerzo constantes.

Algunas veces puede resultar frustrante luchar contra una angustia particularmente difícil. Otras, sin embargo, es estimulante.

Algunos de los momentos más felices para nuestros pacientes —y para nosotros— suceden cuando logran vencerla. Es entonces cuando nuestros pacientes dicen, con una enorme sonrisa: "En el pasado habría estado realmente angustiado por esto; ¡pero ahora no!".

Los costos y los beneficios de la angustia

Enumerar los costos y los beneficios de la angustia es un buen punto de partida en su camino hacia la tranquilidad y la felicidad. Si lo hace, podrá reconocer la necesidad de su control.

Comencemos por sus costos. Los costos comunes de la angustia crónica incluyen problemas físicos, irritabilidad, relaciones difíciles, incapacidad para relajarse y disfrutar la vida, abuso de drogas y alcohol y una falta de productividad. Tal vez llegue a experimentar algunas o todas estas consecuencias. También podría tener otros costos. Piense en los últimos meses. ¿Qué precio ha tenido que pagar por angustiarse demasiado?

Ahora observemos los beneficios. Aunque no lo crea, la angustia tiene algunas ventajas. Por lo general, las personas dejan de hacer algo a menos que las beneficie de alguna manera. Es importante que esté muy consciente de los beneficios de su angustia antes de comprometerse a cambiar. Estos son algunos de ellos:

- **Distracción:** su angustia puede desviar su atención de otras cosas que le preocupan, como un matrimonio desdichado o un empleo que le desagrada.

- **Reducción de la ansiedad:** resulta irónico que la angustia pueda disminuir un poco su ansiedad al bloquear las imágenes y los pensamientos dolorosos. Incluso, cuando al angustiarse se sienta ansioso, no sufre el intenso pánico que sentiría si viviera la terrible escena que surge en su imaginación.

- **Superstición:** muchas personas que se angustian piensan que ésta los protege y evita que sucedan cosas malas. Si mantiene usted esta creencia, tal vez tenga miedo de que, si deja de angustiarse, todo resultará desastroso. Por ejemplo, Bud, un aviador temeroso, pensaba que si dejaba de preocuparse de que su avión se estrellara, esto provocaría que su avión se estrellara. Para él, esto era como si su angustia mantuviera el avión en el aire.

- **Atención y consuelo:** su estado de angustia y ansiedad puede provocar palabras de consuelo por parte de las demás personas. Éstas tratan de consolarlo y de animarlo cuando se encuentra angustiado.
- **Evasión de los eventos desagradables:** su angustia puede alejarlo de las cosas que no desea hacer. En lugar de expresarse directa y aseverativamente, utiliza su angustia como una excusa para evitar las cosas que considera desagradables.
- **Controlar a los demás:** puede utilizar su angustia para controlar la conducta de los demás. Por ejemplo, si estar lejos de su hija lo enfada, puede decirle que estará muy angustiado si ella viaja, con la esperanza de que cancele su viaje.
- **Preparación:** tal vez piense que si se angustia ahora por algún suceso terrible, estará preparado para cuando eso suceda y no le afectará. Por ejemplo, Joan se angustiaba, a menudo, ante la posibilidad de que su esposo la abandonara. Aunque tenían una buena relación, ella sentía que, si se angustiaba por el divorcio ahora, no se sentiría devastada si, finalmente, su esposo decidía abandonarla.
- **Resolución de problemas:** tal vez piense que su angustia en realidad lo ayudará a resolver los problemas de una manera más eficaz. Tal vez sienta que, sin ella, no sería capaz de manejar las dificultades en su vida.

La mala noticia es que si comienza a angustiarse menos, perderá estas aparentes ventajas. La buena noticia es que estos cambios no son irreversibles. En otras palabras, si lo desea, siempre podrá volver a la angustia y reclamar estos beneficios. Confiamos, sin embargo, en que, una vez que vea una luz en su vida al dominarla, nunca dará marcha atrás.

Ejercicio: lleve a cabo un análisis costo-beneficio

En su libreta trace una línea en la mitad de una hoja. Enumere los costos de su angustia de un lado y los beneficios del otro. Enumere los más que pueda. Ahora, observe cada columna y compárelas. ¿Qué lado ganará? ¿Los costos superan a los beneficios o viceversa? Esto le ayudará a decidir si angustiarse funciona más en su favor o en su contra.

Los pros y los contras de aprender a controlar la angustia

Supongamos que, de acuerdo con el análisis costo-beneficio, ha decidido que angustiarse le ofrece más costos que beneficios y desea aprender a dominar su angustia. ¿En qué lo beneficiará esto? En cierta manera, muchos de los beneficios simplemente serán lo opuesto a los costos, como el sentirse más relajado o menos irritable hacia su familia y amigos. Asimismo, el controlarla puede ofrecerle muchos otros beneficios. Éstos pueden incluir más confianza, mayor productividad, menos enfermedades, una mayor sensación de paz y espiritualidad y mayor alegría y felicidad.

Por supuesto, también existen desventajas ante el cambio. Programar tiempo y esfuerzo para leer este libro y realizar los ejercicios es una desventaja. Algunos de los ejercicios, como las técnicas de relajación descritas en el capítulo tres, Aprenda a relajarse, o las estrategias cognitivas enumeradas en el capítulo cuatro, Transforme su manera de pensar, implican un compromiso diario de, por lo menos, 20 o 30 minutos para alcanzar el máximo beneficio.

Otra de las desventajas es que algunos de los ejercicios, particularmente en el capítulo nueve, Enfrente sus preocupaciones, y en el capítulo cinco, Reaccione de manera diferente, pueden hacerlo sentir, temporalmente, más ansioso. A fin de cuentas, por supuesto, tales estrategias han sido diseñadas para reducir la angustia, pero, como implican enfrentar su temor, usted puede llegar a sentirse más angustiado, al principio, mientras busca las soluciones.

Ejercicio: analice los pros y los contras

Ahora dibuje una línea recta en otra hoja de su libreta y enumere los pros y los contras de aprender a dominar su angustia. Tome en cuenta todos los posibles beneficios y desventajas. Después analice cada una de las columnas. ¿Ese aprendizaje tiene más ventajas o desventajas?

Comprométase a cambiar

Al inicio de este capítulo, le preguntamos si está comprometido a aprender a dominar. Ahora que ya comprende mejor cómo funciona el cambio junto con unas expectativas más realistas sobre lo que se requiere, ¿qué piensa? Al analizar los pros y los contras, ¿tomó la decisión de que le conviene? Si es así, es tiempo de ultimar su compromiso. A continuación aparece un contrato que constituye su intención de trabajar en el control.

Ejercicio: firme un contrato

Copie este contrato en su libreta, fírmelo y féchelo:

"Me comprometo a trabajar en el control de mi angustia. Entiendo que esto tomará tiempo y esfuerzo. Debido a esto, dedicaré un tiempo habitual para realizar los ejercicios incluidos en este libro. He decidido que los costos de mi angustia superan los beneficios, por lo tanto, me comprometo a dominarla y reducirla".

Siempre que su motivación se resienta un poco, asegúrese de revisar este contrato junto con sus listados de los costos y de los beneficios. También podría resultarle útil si le comunica su compromiso a alguien que le ofrezca su apoyo.

Puntos esenciales

- La persistencia es la clave del control. El cambio no sucede de la noche a la mañana, es el resultado de un esfuerzo constante.

- La angustia crónica e incontrolable afecta a las personas de muchas maneras. Conozca los costos y beneficios personales de su angustia. Antes de que se comprometa a cambiar, asegúrese de haberlos tomado en cuenta.

- Enumerar los pros y los contras del cambio, le ayudará a decidir si éste es realmente conveniente.

- Una vez que haya decidido cambiar, comprométase a invertir el tiempo y hacer el esfuerzo necesario para alcanzar el éxito. Hágalo firmando un compromiso que refleje su intención de trabajar arduamente sobre su angustia.

3. APRENDA A RELAJARSE

Como muchas de las personas que sufren angustia ya saben por experiencia propia, la angustia crónica incontrolable puede traer consecuencias físicas. Si no se atiende puede provocar síntomas como fatiga, cefalea, tensión muscular, temblor incontrolable, irritabilidad, sudoración, bochornos, aturdimiento, falta de aliento, insomnio, náuseas, diarrea y micciones frecuentes.

Tales síntomas, aparentemente desvinculados, son resultado de un sistema nervioso que se encuentra en un constante estado de estimulación. En este capítulo describiremos cómo funciona el sistema nervioso y le mostraremos cuatro técnicas de relajación para contrarrestar su estimulación crónica. Éstas, si se practican de manera constante, pueden cambiar su estado de tensión y nerviosismo a uno de tranquilidad y relajamiento.

Sus dos sistemas nerviosos

Antes de embarcarse en un programa regular de relajación, es importante entender cómo funciona su sistema nervioso, o, más precisamente, cómo funcionan sus sistemas nerviosos. En realidad, usted posee dos sistemas nerviosos. Al igual que un automóvil, su cuerpo cuenta con un acelerador y un freno. El acelerador, conocido como el sistema nervioso simpático, avanza durante los momentos de angustia. Cuando esto sucede, su cuerpo aumenta su actividad. Su corazón late más aprisa, su respiración se acelera, su presión arterial se eleva, su boca se reseca y su sangre fluye hacia sus músculos. Ésta es su respuesta, ataque o huida, durante la acción. La evolución biológica nos equipó con ella para ayudarnos a superar las situaciones peligrosas. Sin su presencia, hubiera sido imposible que los seres humanos sobreviviésemos tanto tiempo.

Por otro lado, el freno del sistema nervioso, conocido como sistema nervioso parasimpático, disminuye la acción del cuerpo. Al activarse disminuyen su ritmo cardíaco, su respiración y su presión arterial, sus músculos se relajan y se lleva a cabo la digestión. Podrá percibir cómo trabaja el sistema parasimpático la próxima vez que se sienta relajado o cuando se acueste a dormir por la noche. Al contrastarlo con la respuesta ataque o huida, algunos lo conocen como la respuesta descansar y digerir.

Si usted padece angustia crónica, casi todo el tiempo estará pisando el acelerador a fondo. El freno —el sistema parasimpático— no se utiliza mucho. Con la práctica, usted se ha acostumbrado a estar acelerado. Sin embargo, durante el trayecto, su habilidad para desacelerarse se ha atrofiado. Las técnicas descritas en este capítulo le ayudarán a recuperar esta habilidad de tal modo que pueda volver a relajarse.

Relajación

Para saber cómo relajarse, necesitará técnicas específicas de relajación. En este capítulo, aprenderá cuatro métodos distintos para alcanzar un profundo estado de relajación:

1. Relajación muscular progresiva (PMR, Progressive Muscle Relaxation).
2. Respiración diafragmática.
3. Imaginación guiada.
4. Meditación.

La habilidad de la relajación

Antes de intentar cualquiera de estos métodos, es importante que comprenda que alcanzar un estado de profunda relajación es una habilidad que requiere de práctica. Pensar en la relajación como una habilidad parecería algo inusual. Después de todo, la relajación no se considera generalmente como algo que usted pone en práctica, sino como algo que realiza. Sin embargo, si se angustia con frecuencia, probablemente le resulta difícil relajarse. De hecho, al tratar de hacerlo, puede llegar a sentirse frustrado puesto que aún se siente estimulado y nervioso. Las actividades que antes consideraba relajantes, como podar el jardín o leer un libro, ya no le proporcionan esa sensación de paz y tranquilidad. Por el contrario, se siente angustiado y ansioso casi todo el tiempo. Incluso conciliar el sueño en las noches le resulta difícil porque cada vez tarda más en caer en un sueño tranquilo.

Tales cambios ocurren porque la relajación es una habilidad que se ve deteriorada por la angustia. Sin embargo, con la práctica constante de las siguientes técnicas, aprenderá a relajarse fácilmente otra vez.

Las ventajas de la práctica constante de la relajación

La práctica constante de la relajación contiene muchas ventajas probadas (Benson, 1975), incluyendo las siguientes:

- **Física:** disminución del ritmo cardíaco, disminución del ritmo respiratorio, disminución de la presión arterial, disminución de la tensión muscular, disminución del consumo de oxígeno, aumento de la energía.
- **Cognitiva:** mayor concentración, mayor enfoque, aumento de la memoria.
- **Emocional:** disminución de la ansiedad, menor irritabilidad, un estado de ánimo positivo, una mayor sensación de bienestar.

- **Conductual:** menor uso de sustancias, mejores hábitos de sueño, mayor productividad.
- **Salud:** menores jaquecas tensionales, menos dolor, menores síntomas gastrointestinales.

Cómo elegir una técnica de relajación

Si experimenta usted algún síntoma particularmente molesto como resultado de su angustia crónica, puede elegir la técnica de relajación que aborde su problema específico. De esa manera, podrá combatir al fuego con fuego. Por ejemplo, si sufre de una tensión muscular crónica, lo cual provoca jaquecas, dolor en el cuello y dolor lumbar, puede comenzar por una relajación muscular progresiva ya que esta técnica se dirige específicamente a los músculos tensos.

Por la misma razón, si tiende a hiperventilarse y experimenta síntomas de ansiedad, como mareos, dolor en el pecho o fatiga, la respiración diafragmática puede funcionarle mejor. La siguiente tabla le ofrece sugerencias adicionales para la elección de una técnica de relajación. Considérela una guía general. En realidad, al combatir la fatiga, resulta provechosa cualquier técnica de relajación que se practique regularmente.

Técnica de relajación	Síntomas
Relajación muscular progresiva	Síntomas físicos: tensión muscular, jaquecas tensionales, dolor de cuello, dolor de mandíbula, rigidez en los hombros, ansiedad, insomnio
Respiración diafragmática	Síntomas de respiración: mareos, fatiga, dolor o rigidez en el pecho, vértigo
Meditación	Síntomas cognitivos: pensamientos compulsivos, pensamientos hipotéticos, cavilaciones, dificultad para concentrarse
Imaginación guiada	Imágenes mentales: escenas catastróficas en su mente (fallar en un examen, la caída de su avión, una mala presentación de trabajo)

Técnicas específicas

A continuación se describen cuatro técnicas de relajación que utilizamos frecuentemente en nuestras prácticas. Cada una, si se practica regularmente, resulta ser un método eficaz para alcanzar un profundo estado de relajación.

Relajación muscular progresiva

En 1929, Edmund Jacobson describía un método para alcanzar un profundo estado de tranquilidad en su libro *Progressive Relaxation*. Esta técnica, a la que él llamó *relajación muscular progresiva* (PMR, Progressive Muscular Relaxation), puede ayudarle a alcanzar un profundo estado de relajación física al disminuir la tensión muscular crónica que mantiene estimulado sus sistema nervioso simpático. Esta técnica fue desarrollada por Jacobson específicamente para vencer la ansiedad. Jacobson pensaba que la ansiedad y la relajación son estados incompatibles. En otras palabras, no pueden ocurrir al mismo tiempo. Por lo tanto, al adquirir de manera voluntaria un estado de relajación se podría vencer cualquier tipo de ansiedad que una persona experimenta.

Antes de iniciar una PMR, dedique un momento a recorrer mentalmente su cuerpo. ¿Dónde percibe la tensión? ¿En su mandíbula? ¿En su cuello? ¿En sus hombros? Anote en su libreta las áreas de tensión que perciba y preste mucha atención a estas áreas cada vez que inicie una PMR.

Instrucciones para una PMR

Las siguientes instrucciones para iniciar una PMR se basan en la técnica de Jacobson. Cada uno de los pasos describe un método para tensionar y relajar músculos específicos. Antes de iniciar una PMR, asegúrese de estar en una posición cómoda y lejos de distracciones. Conforme vaya avanzando en los pasos de la PMR que se describen a continuación, mantenga cada posición de tensionamiento durante 10 segundos y después relaje el músculo lo más posible durante 20 segundos antes de pasar al siguiente paso de tensionamiento. Durante cada fase, preste atención a las sensaciones de tensión y relajación. Concéntrese en la diferencia entre estas dos sensaciones.

1. Recuéstese sobre su espalda en una posición cómoda.

2. Cierre los puños y gire sus manos hacia sus codos, doblando las muñecas y tensionando sus antebrazos. Lleve sus antebrazos hacia sus brazos superiores y flexione sus bíceps. Ahora libere la tensión y deje que sus manos, antebrazos y brazos superiores se relajen. Concéntrese en la diferencia entre la sensación de tensión y la sensación de relajación.

3. Con sus rodillas ligeramente flexionadas, eleve su pierna aproximadamente seis pulgadas. Flexione los dedos de sus pies en dirección de sus rodillas. Perciba la tensión en sus pantorrillas y muslos. Ahora baje sus piernas y relaje los músculos de sus pantorrillas y muslos. Perciba la diferencia entre la tensión y la relajación.

4. Tensione los músculos de su estómago en dirección a su espalda. Ahora libere la tensión, relaje los músculos de su estómago y concéntrese en la diferencia entre la tensión y la relajación.

5. Respire profundamente y perciba la tensión en los músculos de su pecho y su caja torácica. Al exhalar, sienta cómo esos músculos se aflojan y relajan. Perciba la diferencia entre la sensación de tensión y la sensación de relajamiento. Repita este paso dos veces.

6. Arquee su espalda. Sienta la tensión en los músculos a lo largo de su espina dorsal. Lentamente baje su espalda y relaje sus músculos por completo. Perciba la diferencia entre la tensión y la relajación en los músculos de su espalda. (Si tiene problemas de espalda, tal vez desee saltarse este paso).

7. Intente unir sus omóplatos a mitad de su espalda. Ahora libere la tensión y relájese por completo, percibiendo la diferencia entre la tensión y la relajación.

8. Encoja sus hombros hacia sus orejas y concéntrese en la sensación de tensión que se crea en sus hombros y cuello. Deje caer sus hombros por completo y concéntrese en la sensación de relajamiento en su cuello y hombros.

9. Eleve las cejas lo más alto posible, arrugando su frente. Perciba la tensión de los músculos de su frente. Ahora relaje esos mismos músculos y concéntrese en la sensación de relajación.

10. Baje las cejas como si las frunciera. Perciba la tensión en los músculos que se localizan justo por encima de sus ojos. Ahora relaje esos músculos y concéntrese en esa sensación.

11. Apriete los ojos y perciba la tensión en los músculos que rodean sus ojos. Ahora libere la tensión en esos músculos y relájelos por completo.

12. Ahora simplemente relájese y libere cualquier tensionamiento que persista en su cuerpo. Concéntrese en su respiración por algunos minutos mientras hace respiraciones profundas.

La PMR se completa en aproximadamente 20 o 30 minutos. Hay personas que encuentran útil grabar estas instrucciones y entonces escuchar la cinta que los guiará durante la práctica de la PMR. Si graba usted una cinta, grabe los pasos en una voz tranquila y pausada, dejando un lapso de diez segundos en cada paso de tensionamiento y 20 segundos para la relajación entre un paso y otro.

Si sigue esta rutina una vez al día, podrá desarrollar una sensación total de tranquilidad y reducir la sensación de tensión y angustia. Asimismo podrá percibir un menor número de síntomas físicos que se asocian con la angustia, como jaquecas y dolor de cuello. No se preocupe si no se siente especial e inmediatamente relajado. Como sucede con cualquier habilidad, la PMR requiere tiempo para poderla dominar. Tal vez también encuentre útil anotar en su libreta sus prácticas diarias, anotando, asimismo, su nivel de relajación de 1 (muy tenso) a 10 (muy relajado) después de cada práctica. De esta manera, puede usted hacer un seguimiento de su progreso mientras desarrolla esta habilidad.

Respiración diafragmática

La angustia crónica puede alterar sus patrones naturales de respiración, dando como resultado un pobre hábito de respiración. Con frecuencia, la tensión que provoca lleva su respiración desde su diafragma —su fuente natural— hasta su pecho. A esto se le conoce como respiración de pecho, que suele ser superficial y rápida.

Los seres humanos no fueron creados para respirar hacia el pecho. Para ver cómo fue creado nuestro sistema respiratorio, observe a un bebé durmiendo. El estómago se expande y contrae de manera rítmica y la caja torácica se mueve sólo un poco, si no es que no se mueve en absoluto. Fíjese cómo la respiración se lleva a cabo en el estómago y se concentra en el abdomen. A esto se le conoce como respiración diafragmática.

Con el tiempo, muchas personas han perdido la capacidad de respirar diafragmáticamente. De hecho, uno de nuestros colegas afirma que sólo los cantantes disciplinados respiran diafragmáticamente como adultos. Observe su propio modo de respiración, colocando una mano sobre el pecho y la otra sobre el abdomen. Haga algunas respiraciones. ¿Cuál de sus manos se mueve? Mientras más se mueva la mano que está sobre su pecho, más estará respirando con el pecho.

El síndrome de la hiperventilación

La respiración de pecho a menudo resulta en una hiperventilación. Al escuchar el término *hiperventilar* tal vez se imagine una escena donde un actor se queja e incluso hasta respira dentro de una bolsa de papel. Sin embargo, la hiperventilación no siempre es así de exagerada. De hecho puede ser tan sutil que ni siquiera se dé cuenta de que está ocurriendo. Eso se debe a que la hiperventilación se define simplemente como el aspirar mayor oxígeno del que su cuerpo necesita.

Por ejemplo, si usted está sentado en su escritorio, trabajando en su computadora, la demanda de oxígeno en su cuerpo es muy baja. Sin embargo, si se siente tenso y angustiado, tal vez respire ligeramente más rápido que lo necesario, convirtiendo su respiración en una rápida inhalación y en una exhalación incompleta. Cuando esto ocurre, la cantidad de oxígeno aspirado es mayor que la cantidad de dióxido de carbono que exhala. Como consecuencia, el nivel de dióxido de carbón en su sangre disminuye en relación con el nivel de oxígeno en su sangre. Tal cambio, resultado de la hiperventilación, dispara una serie de desagradables síntomas físicos, incluyendo:

- boca reseca
- fatiga
- mareo
- falta de aliento
- hormigueo y/o aletargamiento
- dolor en el pecho o incomodidad
- palpitaciones o taquicardia
- ansiedad o tensión
- suspiros o bostezos constantes

Instrucciones para la respiración diafragmática

Respirar diafragmáticamente de manera pausada y controlada contrarresta los desagradables efectos de la hiperventilación y de la respiración de pecho. Éstos son los pasos para realizar una respiración diafragmática:

1. Recuéstese en una posición cómoda.

2. Busque los puntos de tensión en su cuerpo y relaje cualquier músculo tensionado.

3. Preste atención a su respiración.

4. Coloque una mano sobre el pecho y la otra sobre el abdomen justo sobre su ombligo.

5. Respire por la nariz.

6. Intente pasar su respiración del pecho al abdomen.

7. Su pecho debe permanecer inmóvil.

8. Disminuya el ritmo de su respiración contando hasta tres mientras inhala y hasta tres mientras exhala.

9. Continúe así durante aproximadamente diez minutos.

Si experimenta problemas para respirar con el abdomen, coloque un libro sobre el estómago y practique moverlo hacia arriba y hacia abajo con cada respiración. Durante la práctica, resista la urgencia de jadear, bostezar o inhalar excesivamente. En vez de eso, respire de manera uniforme. Una vez que disminuya su respiración y utilice el diafragma, su respiración será relajada y fluida.

Cuando haya dominado esta habilidad, podrá utilizarla fácil y discretamente siempre que se sienta ansioso. Simplemente coloque una mano sobre su abdomen y pase su respiración hacia el diafragma. Después disminuya el ritmo de la respiración contando hasta tres mientras inhala y hasta tres mientras exhala.

La imaginación guiada

Al sentirse ansioso, su mente puede verse inundada de pensamientos trágicos. Puede predecir catástrofes, como la pérdida de su empleo o un incendio que envuelve a su casa. La adrenalina corre por sus venas, el pulso y la respiración se aceleran. Como resultado, se siente ansioso, angustiado y tenso.

La imaginación guiada combate esas imágenes y pensamientos angustiosos haciendo uso de su ojo mental para tranquilizarlo y no para asustarlo. Así como el imaginar un desastre crea un estado de ansiedad, imaginar una escena tranquila y relajante proporciona una sensación de tranquilidad, neutralizando así los efectos dañinos de la angustia crónica.

Instrucciones para la imaginación guiada

Su práctica de imaginación guiada no debe ser apresurada o interrumpida, de tal manera que tendrá que planearla con anticipación. Programe un lapso de 30 minutos en que pueda concentrarse en su práctica y elija un lugar tranquilo donde no sea interrumpido. Cuando llegue su tiempo programado, siga los siguientes pasos:

1. Recuéstese en una posición cómoda.
2. Disminuya el ritmo de su respiración.
3. Localice en su cuerpo los puntos de tensión y relaje cualquier músculo tensionado.
4. Continúe respirando calmada y lentamente mientras imagina una escena descrita más adelante.
5. Al terminar, relájese por varios minutos con sus ojos cerrados.

Para que su práctica sea más efectiva, lea el guión que aparece a continuación y grábelo con una voz lenta y pausada en una grabadora, dándose el tiempo suficiente para utilizar la imaginación. Después reproduzca la cinta para guiar su visualización durante la práctica de la imaginación.

Escena para la imaginación guiada

Visualícese caminando por una playa. El sol brilla en un cielo azul. El clima es cálido y agradable y siente cómo la brisa salada refresca su piel. El agua es de un color azul profundo. Las olas se aproximan con lentitud. Mientras camina, sintiendo cómo la arena escurre por sus dedos, deja sus angustias atrás. Siente el cálido sol sobre su piel y esto lo tranquiliza. Finalmente, llega a un sitio tranquilo y callado y decide recostarse.

Se recuesta sobre una toalla y escucha cómo las olas rompen en la playa. Su respiración comienza a seguir el ritmo de las olas. El sol, que brilla sobre su cabeza, sigue calentando su piel. Concentra el calor en sus pies, sintiendo cómo se llenan de calor y se hacen pesados. Su respiración se vuelve más lenta y profunda y el calor del sol sube por sus piernas hasta sus muslos y caderas. Sus dos piernas se sienten agradablemente cálidas, pesadas y relajadas. Percibe el sonido de las olas al ir y venir, tranquilizándolo.

Su respiración es ahora profunda y lenta y usted se siente tranquilo y relajado. El calor del sol ahora sube por sus piernas hasta su abdomen. Siente cómo los músculos de su estómago se relajan con el calor, haciéndose lisos, estáticos y relajados. Su piel siente la tibieza mientras su estómago asciende y desciende con el ritmo de las olas.

El calor del sol sigue esparciéndose por su cuerpo, pasando de su estómago a su pecho. Siente cómo una luz brilla en su pecho, llenándolo de tranquilidad y relajación. Sus piernas, estómago y pecho sienten la tibieza, la pesadez y la relajación. Ahora respira con facilidad, sintiendo solamente la tibieza que lo inunda.

Ahora, el calor se concentra en la punta de sus dedos y comienza a relajarlos. Esa sensación se expande por sus manos, a sus antebrazos y bíceps. Sus brazos se sienten pesados y sus músculos se relajan por completo mientras los recorre el calor del sol. Su respiración se hace cada vez más lenta conforme se relaja.

El relajante calor del sol asciende hacia sus hombros y su cuello. Siente cómo se relajan mientras permanece recostado bajo el sol. Siente cómo los músculos de sus pies hasta sus hombros se calientan, pesan y se relajan, entrando en un estado de completa relajación por la tibieza del sol.

La relajación se traslada al resto de su cuerpo hasta llegar a su rostro. Siente cómo estos músculos se destensan y su rostro se vuelve terso, abierto y relajado. El sol calienta delicadamente su rostro, haciendo desaparecer toda tensión. Ahora se siente tranquilo, como jamás se había sentido. Está profundamente relajado.

Ahora respire fácilmente y disfrute solamente de la profunda relajación. Perciba la pesadez y la calidez, lo perfectamente tranquilo y relajado que se encuentra en este momento. Disfrute del sol, sintiendo cómo los rayos dorados cubren su cuerpo, proporcionándole calidez y haciendo que se sienta completamente tranquilo. Ahora está usted completamente relajado.

También puede usted encontrar otros guiones para la imaginación guiada. Para mayor información consulte el libro *Guided Imagery for Self-Healing: An Essential Resource for Anyone Seeking Wellness* de Martin Rossman (2001) o *30 Scripts for Relaxation, Imagery and Inner Healing* de Julie T. Lusk (1993). Asimismo puede adquirir audiocintas o CD con una gran variedad de guiones sobre imaginación guiada en casi todas las librerías.

La meditación

La meditación data del inicio de la historia registrada y quizás mucho antes, lo cual le dará una idea desde cuándo las personas han buscado la paz interior y la relajación. Siendo anteriormente una práctica espiritual, la meditación evolucionó a través de los siglos en una técnica de relajación que se practica en todo el mundo.

Su principal objetivo es adquirir una mente tranquila y una elevada conciencia del presente. Esto se encuentra en contraste directo con el típico estado mental de la persona que sufre de angustia crónica, cuya mente, a menudo, se haya excesivamente activa y llena de temores con respecto al futuro. Tranquilizar su mente y concentrarse en el presente le permitirá liberar de su cuerpo la tensión innecesaria y relajarse. Esto, da como resultado, una mayor paz interior y una menor sensación de nerviosismo y ansiedad.

Kevin L. Gyoerkoe y Pamela S. Wiegartz

Instrucciones para la práctica de la meditación

Existen muchas y diferentes técnicas de meditación de dónde elegir. Edmund Bourne, autor de *The Anxiety and Phobia Workbook* (2005), ofrece estas sencillas y eficaces pautas para la meditación:

1. Busque un lugar tranquilo donde no sea interrumpido.
2. Siéntese en una posición cómoda.
3. Concéntrese en una palabra neutral como *uno* o *árbol*. Esta palabra será su mantra.
4. Concéntrese en su respiración.
5. Repita en silencio su mantra en cada exhalación.
6. Si otros pensamientos llegan a su mente, simplemente déjelos pasar y concéntrese nuevamente en su mantra.
7. Continúe durante aproximadamente diez a veinte minutos.

Recuerde mantener una actitud pasiva durante la meditación. Simplemente deje que la meditación ocurra de manera natural. Como en todas las técnicas de relajación, la práctica constante es primordial para obtener todos los beneficios que la meditación ofrece. Propóngase practicarla una o dos veces al día.

Puntos esenciales

- Su sistema nervioso está compuesto de un acelerador (el sistema simpático) y un freno (el sistema parasimpático). Si se angustia demasiado, su pie estará sobre el acelerador, provocando una serie de síntomas desagradables.

- Las técnicas de relajación, como la PMR, la respiración diafragmática, la imaginación guiada y la meditación, activan el freno de su cuerpo, desacelerando su sistema nervioso y combatiendo los efectos de la tensión crónica.

- Recuerde que la relajación es una habilidad. La práctica constante mejora su habilidad para tranquilizarse y evitar la ansiedad. Para obtener un mayor beneficio, dedique de 20 a 30 minutos cada día a la práctica de estas técnicas.

- Intente varias técnicas para saber cuáles le funcionan mejor. Asimismo intente compaginar la técnica con uno de los síntomas que esté experimentando.

- Durante la práctica de la relajación, mantenga una actitud pasiva. Mientras más intente relajarse, menos relajado se sentirá durante el proceso.

4. TRANSFORME SUS MANERA DE PENSAR

En el último capítulo usted aprendió las técnicas específicas para combatir la estimulación física que ocurre al sentirse ansioso. Ese capítulo se enfoca en el papel que juega su pensamiento para hacerlo sentir ansioso y estresado. Le mostraremos la conexión que existe entre sus pensamientos y sus sentimientos y le describiremos el papel que juega la distorsión de sus pensamientos. Asimismo, le enseñaremos las estrategias específicas para desafiar y modificar su manera de pensar.

Una breve historia de la terapia cognitiva

En los años 60, el psiquiatra Aaron T. Beck y el psicólogo Albert Ellis, cada uno por separado, crearon un nuevo modelo de tratamiento para aliviar la angustia psicológica. Animados por su insatisfacción con el estudio psicoanalítico, donde los problemas son vistos como un resultado de los problemas inconscientes, buscaron una nueva manera de ver y tratar la enfermedad mental.

Mientras trabajaban en sus nuevas teorías, hicieron dos descubrimientos revolucionarios. En primer lugar, descubrieron que la fuente de nuestra angustia no es algo inconsciente. A través de la observación clínica y de la rigurosa investigación, Beck y Ellis, junto con otros teóricos cognitivos como Donald Meichenbaum, descubrieron que nuestros propios pensamientos determinan nuestros sentimientos y no los conflictos internos que operan fuera de nuestra conciencia. Beck llamó a la teoría de que los pensamientos determinan las emociones el *modelo cognitivo*.

Mientras Beck desarrollaba su teoría, hizo un segundo descubrimiento importante. Descubrió que aquellos que sufren de angustia emocional también se enfrascan en un pensamiento distorsionado. En otras palabras, los sentimientos negativos como la ansiedad o la depresión, por lo general son resultado de falsas interpretaciones del mundo. Por ejemplo, una persona que se siente ansiosa durante una fiesta concurrida puede pensar que todo el mundo la está juzgando y criticando a pesar de no existir evidencias. De hecho, incluso puede tomar las reacciones positivas como el reír o el sonreír como prueba de que los demás se están burlando de ella. Como resultado, se siente angustiada y tensa y se aleja de la muchedumbre. Sin embargo, como puede usted ver en este ejemplo, no es la situación la que la hace sentir ansiosa sino su pensamiento distorsionado.

Basándose en esta nueva teoría de la angustia emocional, Beck desarrolló nuevas terapias para probar sus teorías en la práctica clínica. Al aplicar tales técnicas terapéuticas, descubrió que al corregir esas distorsiones y sustituirlas por pensamientos más racionales y realistas, cambiaba dramáticamente la manera de sentir de las personas. Eso lo ayudó a confirmar su teoría de que el pensamiento distorsionado es la base del mal temperamento. Muchos otros investigadores que estudian la efectividad de este tipo de terapia para resolver una variedad de problemáticas, incluyendo la depresión, los ataques de pánico y la angustia, han confirmado la teoría de Beck.

La terapia de Beck, dirigida a corregir los pensamientos y las creencias distorsionadas, se conoce como terapia cognitiva. Sus artículos (Beck y otros, 1979; Beck, Emery y Greenberg, 1985), y las de otros terapeutas cognitivos, como David Burns (1999), Albert Ellis (Ellis y Harper, 1975) y Robert Leahy (2003), forman los fundamentos de la teoría y las estrategias presentadas en este capítulo.

Ejercicio: imagine un limón

Puede realizar su propio experimento para probar el impacto que tienen sus pensamientos completando el siguiente ejercicio: cierre los ojos e imagine un limón partido a la mitad y colocado sobre un plato limpio.

Puede ver cómo el zumo del limón escurre sobre el plato y percibe su olor fresco y cítrico. Ahora imagine que toma una de sus mitades, la exprime ligeramente y la muerde. Saboree el zumo del limón y siéntalo en su lengua mientras sus papilas reaccionan al sabor ácido. Ahora, perciba lo que le sucede físicamente. ¿Se llena su boca de salivación? Éste es su cuerpo reaccionando a una imagen mental vívida —una cognición—. De hecho, en muchas ocasiones su cuerpo reacciona como si lo que imagina estuviera sucediendo en ese momento.

Las percepciones y la angustia

Tal y como lo vio en el ejercicio anterior, sus pensamientos tienen un poderoso impacto sobre sus sentimientos. Y de igual manera que sus pensamientos lograron hacer agua su boca sin alimento, también pueden hacerle sentir angustiado y estresado en ausencia de un verdadero peligro. En otras palabras, al imaginar una catástrofe, como la posibilidad de sufrir un infarto o de perder a un ser amado, se siente ansioso. Esos pensamientos e imágenes hacen que sus músculos se tensionen, que su corazón se acelere y que las palmas de sus manos suden. Recuerde, sin embargo, que se sentirá tal y como piensa, de tal manera que, si se encuentra ansioso, existe mayor probabilidad de que esté teniendo pensamientos ansiosos, los cuales desempeñan un papel preponderante en su ansiedad.

Sin esos pensamientos, imágenes o visualizaciones terribles, es virtualmente imposible sentir la angustiosa aprehensión que se asocia con la angustia frecuente.

Los pensamientos ansiosos y la manera en que lo hacen sentir son como una película de terror. Piense en alguna que haya visto. Tal vez *Tiburón* o *Psicosis*. ¿Saltaba cada vez que una puerta se cerraba estrepitosamente? ¿Gritó cuando el villano salió del clóset? ¿Sus músculos se tensionaban mientras aumentaba el *suspense*? Por supuesto que nada de lo que ocurría en la película le sucedía realmente a usted, pero su cuerpo reaccionaba como si estuviese en peligro. Como podrá darse cuenta por sus reacciones, el cuerpo no distingue, generalmente, entre la realidad y la imaginación. Lo mismo sucede cuando reproduce mentalmente películas de terror en forma de angustias. Reacciona como si sus temores estuviesen ocurriendo realmente. El resultado es la ansiedad. Conforme vaya usted aprendiendo a dominar la angustia, una de sus tareas principales será saber identificar las películas de terror —en forma de pensamientos catastróficos— que se reproducen en su mente.

Ejercicio: identifique sus pensamientos angustiosos

Para poner en práctica la identificación de sus percepciones angustiosas, recuerde algún momento, durante la semana transcurrida, en que se haya sentido angustiado o tenso. ¿Qué pasaba por su mente? ¿Qué escenas se reproducían en su imaginación? ¿Qué catástrofes predijo? Anote en su libreta cuáles fueron sus pensamientos. Sea lo más específico y preciso posible.

Las distorsiones cognitivas más comunes

Tal y como se afirmó anteriormente, la terapia cognitiva supone que cuando las personas se sienten angustiadas ante la ausencia de una amenaza directa, están haciendo falsas deducciones sobre sí mismas, los demás y el mundo. Los terapeutas cognitivos llaman a estas falsas deducciones distorsiones cognitivas. Por lo general éstas toman algunas formas específicas. Las siguientes secciones describen las distorsiones cognitivas que ocurren con frecuencia durante la angustia. Léalas cuidadosamente y preste atención a sus propios pensamientos. ¿Algunas le suenan familiares? ¿Las observa en su pensamiento al angustiarse?

La sobrevaloración de una amenaza

Aquellos que se angustian suelen sobrevalorar o exagerar la probabilidad de un suceso negativo. En tal distorsión se considera muy probable el surgimiento de un suceso negativo que es improbable que ocurra.

En otras palabras, la posibilidad de una catástrofe se confunde con su probabilidad. Cualquier cosa es posible; sin embargo, muchas de las cosas por las que las personas se angustian, como el morir por una extraña enfermedad o ser rechazado por todos, no son, sencillamente, probables.

Éstos son algunos ejemplos de la sobrevaloración de una amenaza. Observe que, en cada caso, sí es posible el surgimiento de un suceso catastrófico. Después pregúntese usted mismo —incluso cuando tales sucesos fueran posibles— qué tan probables son.

- Temor a las vacunas infantiles comunes, a pesar de una muy baja incidencia de complicaciones.

- Pensar que la carne de res bien cocida puede provocar enfermedades como encefalopatía o escherida coli.

- Suponer que será despedido si llega unos minutos tarde.

- Angustiarse ante la posibilidad de quedar atrapado en un elevador y morir de hambre.

La telepatía

Como ya se imaginará, la *telepatía* ocurre generalmente en las personas que se preocupan por las situaciones sociales. Como su nombre lo indica, esta distorsión consiste en adivinar lo que otros están pensando. En la mayoría de los casos, la telepatía consiste en suponer que los demás están pensando mal de usted. Por lo general, no existe o hay poca evidencia que apoye tal suposición. He aquí algunos ejemplos de tal telepatía:

- Si hago una mala presentación, mis compañeros pensarán que soy estúpido.
- Otras personas critican constantemente mi persona y mi desempeño.
- Todos piensan que soy feo.
- Las personas pensarían que soy un bicho raro si realmente me conocieran.

La concepción del *todo o nada*

La concepción del *todo o nada* o *blanco o negro* significa ver las cosas de maneras extremas. Por ejemplo, usted puede describir una de sus presentaciones como *perfecta* o *espantosa*. En vez de tener una perspectiva más equilibrada y razonada, pasa por alto los tonos grises, las sutilezas de la vida y encasilla las vivencias en categorías de *esto o aquello*. Veamos algunos ejemplos de la concepción del *todo o nada*:

- Creer que volar es peligroso.
- Describirse a sí mismo como irresponsable si pasa por alto alguna tarea.
- Calificar el mercado laboral como malo cuando está en busca de un empleo.
- Llamarse a sí mismo un fracaso cuando no alcanza una meta personal importante.

West Chicago Public Library
118 West Washington Street
West Chicago, IL 60185

Title: 1001 remedios caseros :
tratamientos confiables p
Author: Reader's Digest Association.

Item ID: 36653001891054
Date due: 1/26/2015,23:59

Title: Mr. Peabody & Sherman [DVD
videorecording]
Item ID: 36653002460628
Date due: 1/12/2015,23:59

Title: Breaking bad. The fifth season
[DVD videorecordin
Item ID: 31322006354881
Date due: 1/12/2015,23:59

Renew by phone at 630-231-1552

--Card # needed--
or
online at:
www.westchicago.lib.il.us

El pensamiento catastrófico

Pensamiento catastrófico significa describir las vivencias desagradables en términos muy exagerados. Albert Ellis (Ellis y Harper, 1975) llamaban a esto *tremendizar*. Aquí, usted ve el temido escenario como algo espantoso, tremendo o insoportable. Se dice a sí mismo que no podría soportar que ocurriera lo peor.

Incluso los sucesos negativos pueden estar supeditados al pensamiento catastrófico. Por ejemplo, un hombre que se angustiaba ante la posibilidad de enfermarse afirmaba que las personas con una enfermedad terminal, como el cáncer, "viven en constante terror". En realidad, por supuesto, es natural sentir temor ante esa situación; sin embargo, las personas que padecen enfermedades fatales por lo general aprenden a adaptarse y no viven aterrorizadas. Veamos varios ejemplos de pensamientos catastróficos:

- Sería terrible si alguien se diera cuenta de que estoy sudando.
- Si perdiera mi trabajo, mi vida terminaría.
- No podría manejar el hecho de enfermarme.
- No soporto quedarme atrapado en el tránsito.

Las afirmaciones del *debería*

Las afirmaciones del *debería* hacen que las personas se sientan presionadas, apresuradas o estresadas. Crean una innecesaria sensación de urgencia y alimentan la ilusión de que el desastre nos espera si no cumplimos con el *debería*. Las afirmaciones del *debería* que se dirige a usted mismo son a menudo la fuente de los sentimientos de culpa. Dirigidas a otras personas provocan, por lo general, sentimientos de enojo.

Con frecuencia, existe también un mensaje oculto en este tipo de pensamientos: "si no sigues estas reglas, eres un fracaso". Albert Ellis construyó gran parte de su terapia, conocida como terapia del comportamiento racional y emotivo, eliminando las percepciones del *debería*. Estos son algunos ejemplos de afirmaciones con *debería*:

- Debería hacer ejercicio cinco veces a la semana.
- Debería mantener una casa perfectamente limpia.
- Nunca debería enojarme.
- Debería obtener siempre una calificación A.

La concepción del *qué pasaría*

La concepción del *qué pasaría* es un arma de dos filos. Por un lado, puede inspirar creatividad, inventiva y descubrimiento. Preguntarse "¿qué pasaría si pudiéramos llevar a un hombre a la Luna?" provocó que ocurriese un milagro. Sin embargo, esta pregunta puede también provocar miseria, como cuando se pregunta a sí mismo: "¿qué pasaría si realmente sucediera algo malo?'". En vez de explorar las maravillosas posibilidades, las concepciones del *qué pasaría* generan, en cambio, una infinidad de ejemplos de temidos desastres. A continuación diferentes ejemplos de una percepción del *qué pasaría*:

- ¿Qué pasaría si mi hija muriera en un accidente automovilístico?
- ¿Qué pasaría si dejara la estufa encendida y mi casa se incendiara?
- ¿Qué pasaría si sufriera un ataque de pánico e hiciera el ridículo?
- ¿Qué pasaría si elaborara mal mi declaración de impuestos y fuera arrestado?

La depuración mental

Depuración mental significa tomar un aspecto negativo de una situación y analizarlo detenidamente. En realidad, toda circunstancia es una compleja mezcla de aspectos positivos y negativos. Analizar únicamente los aspectos negativos deteriora su estado de ánimo. Además, si se enfoca solamente en los aspectos negativos eliminará otro tipo de información más positiva.

La variación en la depuración mental ocurre cuando usted sólo piensa en los riesgos de una situación y pasa por alto los beneficios. Por ejemplo, si va a ser sometido a una cirugía, tal vez se enfoque, solamente, en los riesgos que conlleva ese procedimiento y pase por alto los grandes beneficios para su salud. Veamos varios ejemplos de depuración mental:

- Negarse a subir a un tren debido a un reciente accidente.
- Pensar exclusivamente en la persona que se quedó dormida durante su presentación, mientras pasa por alto que los demás sí mostraron interés.
- Concentrarse en el postre que se estropeó en una cena que usted preparó y obviar lo bien que le salieron los demás platillos.
- Recordar solamente las veces en que su pareja llegó tarde y olvidar las veces en que fue puntual.

La generalización

Generalizar consiste en hacer amplias deducciones, basándose en unos cuantos sucesos. Las principales palabras que surgen en este tipo de pensamientos incluyen los términos incluyentes como *siempre* y *nunca*. Éstos son algunos ejemplos de generalización:

- Suponer que nunca obtendrá un empleo por haber recibido una carta de rechazo.
- Creer que nunca encontrará una pareja si alguien le rechaza una cita.
- Pensar que siempre sufrirá de angustia debido a un día particularmente repleto de preocupaciones.
- Decirse a sí mismo que "nunca llega a tiempo" si llega tarde a una reunión importante.

Pasar por alto la habilidad de la confrontación

Por lo general, las personas que sufren de angustia no sólo perciben el peligro cuando no existe, sino que pasan por alto los hechos positivos que sí existen, incluyendo su habilidad para confrontar los problemas. Si analiza sus pensamientos, la próxima vez que se sienta angustiado, probablemente notará que exagera el peligro y minimiza su habilidad para confrontarlo. Esta doble encrucijada lo lleva a tener sentimientos de ansiedad. A continuación varios ejemplos de tal tipo de pensamiento:

- No puedo manejarlo.
- No sería capaz de soportarlo.
- Nada serviría.
- No puedo hacer nada para solucionar este problema.
- Soy un inútil.

Ejercicio: identifique sus distorsiones cognitivas

Vuelva a revisar lo que anotó en su libreta para el ejercicio de este capítulo, donde identificó sus pensamientos angustiosos durante un suceso en particular que lo hizo sentirse angustiado. Utilice la siguiente lista de comprobación para identificar las distorsiones cognitivas en su pensamiento. Marque cada opción que sea válida.

☐   Sobrevalorar la amenaza
☐   Telepatía
☐   Concepción del *todo o nada*
☐   Pensamiento catastrófico
☐   Afirmaciones del tipo *debería*
☐   Concepciones del *qué pasaría*
☐   Depuración mental
☐   Generalización
☐   Minimizar la habilidad de confrontación

Recuerde que identificar sus pensamientos de angustia y sus distorsiones cognitivas es un paso primordial para dominar su angustia. La próxima vez que se sienta angustiado, escuche lo que pasa por su mente. Existe la posibilidad de que se estén esparciendo rápidamente los pensamientos y las imágenes de futuras catástrofes. Esos pensamientos e imágenes juegan un importante papel en la creación y preservación de su ansiedad.

La solución consiste en modificar sus percepciones haciendo uso de ideas más realistas para vencer sus pensamientos. Al sustituir los pensamientos irreales y distorsionados por otros más realistas y racionales, ¡podrá cambiar la manera de sentirse!

Las técnicas específicas para cambiar su manera de pensar

El control de sus angustias requiere de métodos específicos para poner a prueba y cambiar los pensamientos que le provocan ansiedad. Esto consiste en pensar de manera más realista en el futuro, incluyendo analizar particularmente la posibilidad de que ocurra un suceso negativo y reevaluar su percepción sobre el impacto que tiene un hecho así. Y puesto que la mayoría de las personas que se angustian suelen minimizar sus habilidades de confrontación, tal vez necesite desarrollar un sentido más realista sobre su habilidad para manejar los desafíos.

Ya ha logrado identificar algunos de los pensamientos que provocan su angustia y ha descubierto las distorsiones cognitivas que se encuentran en ellos. Ahora utilice las siguientes técnicas para ponerlos a prueba y reemplazarlos por otros más razonables y racionales.

El pensamiento anticatastrófico

Al angustiarse, su mente se llena de pensamientos e imágenes catastróficas. Un buen antídoto es hacerse una serie de preguntas dirigidas a *decatastrofizar* su pensamiento. He aquí ejemplos que le ayudarán a vencer su pensamiento catastrófico:

- ¿Cuál sería el peor escenario?
- ¿Cuánta probabilidad existe de que se presente el peor escenario?
- ¿Qué podría hacer para enfrentar el peor escenario?
- ¿Cuáles son, por lo menos, los otros tres posibles resultados?
- ¿Cuál es el resultado más probable?
- ¿Cuántas veces he tenido razón al predecir el desastre?

Ejercicio: ponga a prueba su pensamiento catastrófico

Identifique al menos un pensamiento catastrófico cada día y anótelo en su libreta. Anote el nivel de ansiedad asociado con este pensamiento en una escala del 1 al 10. Hágase las preguntas anteriores, anotando sus respuestas debajo de su pensamiento catastrófico. Vuelva a clasificar su angustia después de responder las preguntas anteriores.

Éste es un ejemplo: Mary es una agente de bolsa que a menudo se angustiaba ante la posibilidad de perder su empleo. Así es como Mary ponía a prueba su pensamiento catastrófico:

Pensamiento negativo: *perderé mi empleo*

Nivel de ansiedad: 8

¿Cuál sería el peor escenario?
Me quedaría sin hogar.

¿Cuánta probabilidad existe de que se presente el peor escenario?
Probablemente ninguna.

¿Qué podría hacer para enfrentar el peor escenario?
Podría ir a vivir con mi hermana.

¿Cuáles son, por lo menos, los otros tres posibles resultados para el peor de los escenarios?
Encontraría otro empleo.
Podría vivir de mis ahorros.
Podría regresar a la escuela y comenzar una nueva profesión.

¿Cuál es el resultado más probable?
Si me despiden, sobreviviré y encontraré otro empleo.

¿Cuántas veces he tenido razón al predecir el desastre?
Nunca.

Nivel de ansiedad revisado: 2

Cómo examinar la evidencia

Cuando las personas se angustian suelen tratar sus pensamientos como si fueran verdaderos, sin tomar en cuenta los hechos. Examinar la evidencia fomenta un sano escepticismo sobre la manera de pensar. En otras palabras, los pensamientos angustiosos pueden y deberían estar sujetos al mismo escrutinio que los demás pensamientos. Éstos no merecen ser tratados como una realidad sin una evidencia sólida que los respalde. Utilice las siguientes preguntas para poner a prueba sus pensamientos angustiosos y analice si realmente son verdaderos:

* ¿Específicamente, qué estoy prediciendo que sucederá?
* ¿Cuáles son los hechos sobre mi predicción?
* ¿Cuál es la evidencia a favor de esta predicción?
* ¿Cuál es la evidencia en contra de esta predicción?
* ¿Cuál de las partes es más convincente?
* Basándome en la evidencia disponible, ¿qué podría sugerirle a un amigo hacer en la misma situación?
* ¿Qué puedo hacer al respecto ahora?

Ejercicio: ¿cuál es la evidencia?

Utilice las preguntas anteriores para poner a prueba sus predicciones negativas. Las personas que sufren de angustia suponen, a menudo, lo peor, basándose en pocos o en ningún dato. Aferrarse a los hechos ayuda a dominar esta tendencia.

Por ejemplo, Joan se había convencido a sí misma de que fallaría en un examen importante. Sin embargo, después de examinar la evidencia, comprobó que había estudiado mucho, había aprobado los exámenes anteriores, siempre había asistido a clases y se había acercado a su maestro para que le ayudara a aclarar las áreas de dificultad. Esta evidencia ponía en tela de juicio su suposición de que estaba destinada a fracasar y, entonces, se sintió menos angustiada. Asimismo, siguió ella la sugerencia que le hace a sus amigos cuando se preocupan por sus exámenes: ¡Relájate, asegúrate de conocer el material, duerme bien y ve a hacerlo bien!

El análisis costo-beneficio

A pesar de toda la miseria que provoca la angustia, ésta, en realidad, tiene, a veces, una importante función. La ventaja de la angustia controlada es que le ayuda a resolver problemas. Sin embargo, como usted ya lo sabe, la angustia descontrolada resulta improductiva. Utilice las siguientes preguntas para colocar la angustia bajo el microscopio y decidir si en realidad lo está beneficiando:

- ¿Cómo me ayudará el angustiarme por esto?
- ¿Cuáles son las desventajas de angustiarme por esto?

- Basándome en esta evaluación, ¿el angustiarme por esto me resulta útil o dañino?

Ejercicio: haga un análisis costo-beneficio

Dibuje una línea a la mitad de una hoja de papel. Del lado izquierdo, enumere los costos de angustiarse por una cuestión específica. Del lado derecho, enumere las ventajas. Califique cada lista, basándose en lo significativo o importante que le resultan los costos y las ventajas. Asegúrese de que el total de puntos en cada lado sume 100. Recuerde enumerar las consecuencias tales como los problemas físicos, la dificultad para dormir y los problemas afectivos. Una vez que ha calificado cada una de las listas, ¿qué lado es el que gana? ¿Los costos superan a las ventajas o viceversa?

Edward, un contador de 40 años de edad, a menudo se angustiaba ante la posibilidad de llegar tarde. Edward creía que tanto él como los demás deberían llegar siempre a tiempo. Este es el análisis costo-beneficio de Edward con respecto a la concepción de que "siempre debo llegar a tiempo."

Costos	Ventajas
Me siento apresurado, presionado y estresado. Conduzco como un loco. Sufro de migrañas nerviosas. Exagero algunas cosas, como el tráfico. Me entra el pánico si se me hace tarde. Me molesta que otros lleguen tarde.	Por lo general llego a tiempo. Mis compañeros me consideran una persona puntual. Estallo con mis compañeros, mi esposa y mis hijos.
Puntuación	
85	**15**

Este ejercicio le demostró a Edward que su angustia ante la posibilidad de llegar tarde lo lastimaba más que ayudarlo. También se dio cuenta de que podía esforzarse por llegar a tiempo sin tener que entrar en pánico si se le hacía tarde. Esta noción liberó a Edward de su particular angustia, dándole la libertad de aceptar los inevitables inconvenientes sin la infundada angustia.

La máquina del tiempo

Robert Leahy describía su estrategia de la máquina del tiempo en su libro *Cognitive Therapy Techniques* (2003). El aspecto principal de esto es que si usted se angustia por un suceso específico, como perder a un ser querido o ser despedido, probablemente se estará enfocando en las consecuencias inmediatas de ese suceso y pasando por alto cómo cambian las cosas con el tiempo. El viejo dicho "el tiempo cura las heridas" o como lo decía uno de nuestros pacientes: "el tiempo cicatriza todas las heridas", contiene una buena dosis de verdad. Esto puede usted comprobarlo al acordarse de algún contratiempo o adversidad que haya enfrentado, como alguna enfermedad o un problema financiero. Al analizar esa situación, verá que primero ocurrió la parte más desafiante. Conforme el tiempo iba pasando, enfrentó el problema de una manera más eficaz. Ésa es la clave de la técnica de la máquina del tiempo. Utilizando las siguientes preguntas, puede usted visualizar el futuro y ver cómo su temida catástrofe lo afecta conforme pasa el tiempo:

- Si sucede lo que temo, ¿cómo me sentiré al respecto dentro de un mes? ¿Cómo me sentiré dentro de seis meses? ¿Un año? ¿Cinco años? ¿Diez años?

- ¿Qué haría para enfrentar este problema si ocurriera dentro de un mes? ¿Seis meses? ¿Un año? ¿Cinco años? ¿Diez años?

Ejercicio: un paseo en la máquina del tiempo

Elija el escenario del peor de los casos que lo angustia, como el perder su empleo o a su pareja. En una hoja de papel, haga una detallada descripción de su respuesta a este suceso en los lapsos de tiempo anteriores. ¿Cómo se sentiría? ¿Qué estaría haciendo? ¿Cómo lo estaría enfrentando? ¿Qué cambiaría con el tiempo?

Por ejemplo, Kathryn solía angustiarse por la muerte de sus padres. Como es común en la angustia, ella solamente se enfocaba en el dolor inmediato de esa pérdida si llegase a ocurrir. Pensaba en el terrible sentimiento y en lo mucho que los extrañaría. Utilizando la técnica de la máquina del tiempo para reevaluar su perspectiva de la situación, pensó en cómo se sentiría y enfrentaría el suceso conforme transcurriera el tiempo. A través de ese proceso, vio la pérdida de sus padres de una manera menos catastrófica y más realista. En vez de verla como una adversidad intolerable, la vio como algo especialmente difícil de enfrentar al principio, pero que podría superar con el tiempo.

Cómo mantenerse en el presente

La angustia puede servir a un propósito mordaz. Al crear escenarios terribles respecto al futuro, puede servir como una distracción a los problemas del presente que son más mundanos, pero reales. Al enfocarse nuevamente en los problemas actuales, puede usted desarrollar soluciones prácticas y reducir las consecuencias negativas de la angustia. Éstas son algunas preguntas clave que deberá hacerse a sí mismo cuando se angustie:

- ¿Qué me angustia realmente?
- ¿Existe algún problema específico que esté enfrentando actualmente?
- ¿Qué puedo hacer hoy para mejorar las cosas?
- ¿Qué acciones puedo tomar para resolver mis problemas actuales?

Ejercicio: enfrentar el presente

La próxima vez que se sienta angustiado, analice estas preguntas. Ellas le ayudarán a mantenerse en el presente y reducir la angustia. El enfocarse en lo que está ocurriendo actualmente, en vez de lo que podría suceder, es un paso muy importante para disminuir su ansiedad. También, el enumerar los pasos para enfrentar sus problemas y actuar sobre ellos lo llevará a una acción constructiva, un poderoso antídoto contra la angustia.

Sheila utilizaba la angustia como una distracción siempre que surgían los problemas reales. Tan pronto como se enfrentaba a una adversidad, sus antiguas preocupaciones, como la salud y la seguridad de sus hijos, volvían a aparecer, igual que una caja de sorpresa. Con el tiempo, aprendió a utilizar sus preocupaciones como una señal que necesitaba para abordar un problema importante y real. Al hacerse las mismas preguntas, descubría sus problemas ocultos y desarrollaba las estrategias para enfrentarlos directamente, en vez de utilizar la angustia para ocultar lo que realmente le preocupaba.

Puntos esenciales

- En este capítulo, ha conocido el papel que juega su pensamiento en su estado de ánimo. Básicamente, si se siente ansioso, tal vez esté teniendo pensamientos negativos y angustiosos.
- Identifique esos pensamientos escribiéndolos en una hoja de papel.
- Revise la lista de distorsiones cognitivas e identifíquelas en sus pensamientos.
- Utilice los métodos cognitivos para eliminar sus distorsiones cognitivas y sustituir sus pensamientos angustiosos por respuestas más realistas y racionales.
- ¡Practique, practique, practique! Siga trabajando hasta que cambie su manera de pensar y disminuya su angustia.

5. REACCIONE DE MANERA DIFERENTE

Diane es una extrovertida mujer de 28 años de edad que buscaba una terapia contra la angustia. Durante el tiempo de su tratamiento era una estudiante de tiempo completo con un hijo de dos años de edad, luchando por salir a flote a través de préstamos estudiantiles y una pequeña cuenta de ahorros. No es de sorprender que Diane se preocupara por el dinero. Y siempre que lo hacía, reaccionaba de la misma manera. Revisaba su presupuesto una y otra vez, tratando en vano de extraer más dinero.

Julie es una brillante y trabajadora fisioterapeuta de 34 años de edad. Tiene un hijo de ocho años a quien ama profundamente. Durante la terapia contra la angustia, Julie describía entre lágrimas su principal temor, decía: "Me angustia pensar que mi hijo muera mientras duerme. Me aterra pensar en ir a despertarlo por la mañana y darme cuenta de que está muerto". Como podrán imaginarse, esta angustia hacía casi imposible que Julie conciliara el sueño. Noche tras noche, daba vueltas en la cama con la mente inundada de pensamientos sobre su hijo muriendo en su cama. Mientras Julie hablaba sobre la atadura que significaba eso para ella, explicaba también cómo respondió a ésta. Le dijo a su terapeuta: "Siempre que me angustio por la muerte de mi hijo, lo observo para asegurarme de que aún está vivo. El simple hecho de verlo respirar me ayuda a relajarme por algunos minutos".

Las reacciones de Diane y de Julie ante la angustia, revisando una y otra vez el dinero y observando a un niño mientras duerme, se conocen como *conductas angustiosas* (Brown, O'Leary y Barlow, 2001). Este capítulo se enfoca en tales conductas: su manera de reaccionar ante la angustia. Como verá, esa reacción tiene un poderoso impacto en su angustia. Aprenderá también cómo, al cambiar esta respuesta, puede enfrentarla.

¿Qué son las conductas angustiosas?

Las conductas angustiosas se refieren a las acciones que se toman como respuesta a la angustia, las cuales reducen su nivel de ansiedad. Lo que separa las conductas angustiosas de la solución de un problema real es que éstas no tienen un verdadero impacto en el resultado de los sucesos. La habilidad para poder percibir la diferencia yace en el propósito de dicha conducta. ¿En realidad aborda el problema que está usted enfrentando o simplemente lo hace sentir mejor? Diane enfrentaba su angustia revisando continuamente su presupuesto. Julie manejaba su temor observando a su hijo. Tales conductas disminuían temporalmente la ansiedad de cada una de las mujeres, pero no cambiaban el resultado final. Diane no tenía repentinamente más dinero por revisar su presupuesto continuamente y el hijo de Julie no lograba pasar la noche por la constante vigilia de su madre.

Un antiguo cuento refleja la esencia de estas inadaptadas respuestas a la angustia:

"Un hombre se encuentra de visita en una aldea y es despertado al amanecer por el sonido de una trompeta. Salta de la cama y atraviesa la aldea en busca del trompetista.

—Disculpe, pero, ¿qué está haciendo?

Pregunta el adormilado visitante y el trompetista le responde animadamente:

—¡Manteniendo a los elefantes lejos de la aldea, señor!

Algo confundido, el visitante señala amablemente que no hay ningún elefante cerca de la aldea.

El trompetista sonríe con orgullo y responde:

—¡Exactamente, señor!"

En este cuento, la conducta angustiosa es la del trompetista. Por supuesto, la música no causa ningún impacto en los elefantes que invaden la aldea, pero, al tocar la música cada mañana, el trompetista se siente menos angustiado ante la posibilidad de que algún elefante entre en la aldea. Ésa es la naturaleza de las conductas angustiosas. En realidad no hacen nada, pero se siente como si lo hicieran.

Cómo funcionan las conductas angustiosas

Tal vez se pregunte por qué alguien continuaría con estas conductas —por qué Diane cuenta su dinero continuamente o por qué Julie observa a su hijo repetidas veces— si no influyen en el resultado de los sucesos. Por varias razones. La primera, porque las conductas angustiosas provocan una reducción temporal de la ansiedad. El problema, sin embargo, es que la angustia inevitablemente regresa. Y cuando ocurre, se siente la necesidad de volver a experimentarla. El resultado es un círculo vicioso. Puesto que tales conductas no resuelven el problema ni eliminan la angustia, debe repetirlas cada vez que ésta se presenta.

Las conductas angustiosas también lo convencen de que sus acciones evitan el desastre. Es un argumento convincente. Tomemos el caso de Julie. Varias veces durante la noche observa a su hijo que, cada mañana, se despierta lleno de sonrisas y listo para desayunar. El resultado final es que Julie queda convencida de que es su vigilia la que lo mantiene a salvo. ¿Pero en realidad por qué vive todavía? ¿Por su constante vigilia? ¿O porque su temor —que su hijo muera mientras duerme— es extremadamente improbable?

Otras de las razones para continuar con conductas así se deben a la percepción que usted tiene de las consecuencias de no hacerlo. Por ejemplo, suponga que usted es un ermitaño de los años prehistóricos.

Desde que tiene memoria, ha existido una rutina nocturna para cenar y cantar en círculo. Conforme iba creciendo, descubría que el canto se hacía para asegurarse de que el sol saliera al día siguiente. Sin duda la puesta de sol es muy importante. Si no lo hiciera, el resultado sería catastrófico. Y tal pareciera que el cántico funciona. Cada noche, al cantar, esta seguro de que el sol saldrá al día siguiente. Un día, es su turno de dirigir el cántico. ¿Desea ser quien dirija el ocaso? ¿Qué pasaría si el sol no saliera al día siguiente? ¿Desearías cargar con eso sobre tus hombros? Es ese temor a las consecuencias de eliminar las conductas angustiosas lo que le lleva a realizarlas cada vez que se angustia.

Los tipos más comunes de conductas angustiosas

Después de años de práctica clínica, estamos convencidos de que existe una infinidad de conductas angustiosas. Sin embargo, las distintas que observamos se clasifican, por lo general, en algunas categorías específicas, siendo las más comunes la superstición, la vigilia, la repetición, la excesiva preparación, la excesiva escrupulosidad, la excesiva búsqueda de una reafirmación y la evasión.

Supersticiones. Estas conductas angustiosas consisten en tratar de reducir o evitar que suceda lo que tanto teme. Al llevarlas a cabo, se está convenciendo a sí mismo de que ha disminuido o eliminado el riesgo al que se enfrentaba. Sin embargo, ellas no tienen un impacto real sobre la posibilidad de que aquello que le angustia finalmente suceda. Por ejemplo, Sara es una asistente ejecutiva de 30 años de edad que viaja constantemente por cuestiones de trabajo. Siempre que lo hace, se niega a usar ropa de color negro y nunca se registra en una habitación de hotel que se encuentre en el treceavo piso. Sara cree que esas conductas reducen la posibilidad de morir mientras viaja. De acuerdo con la esencia de la conducta angustiosa, tales acciones llevan a que Sara se sienta mejor, pero, en realidad, no tienen ningún efecto en su seguridad.

Vigilia. Tal y como el nombre lo indica, este tipo de conducta angustiosa consiste en vigilar constantemente con el fin de disminuir la ansiedad. Geoff, un contador de 37 años que tiene dos hijos, confía en su conducta angustiosa de vigilia siempre que surge su temor ante un posible envenenamiento por monóxido de carbono. Él maneja su temor, revisando, varias veces al día, los detectores de monóxido de carbono de su casa para asegurarse de que funcionan bien.

Repetición. Se centra en hacer algo, una y otra vez, como respuesta a una angustia. Podría tratarse de reiterar lo que se ha dicho varias veces o en repetir una acción varias veces. Por ejemplo, Dan, un experimentado abogado penalista, se angustia ante la posibilidad de confundir accidentalmente a alguien durante una conversación. Teme dar una mala información, como un domicilio o teléfono equivocados. Dan maneja esa angustia repitiéndose a sí mismo las cosas varias veces durante las conversaciones para asegurarse de no confundir a la persona con la que está hablando.

Excesiva preparación. Un buen ejemplo de esta conducta angustiosa proviene de Doug, un profesor de universidad que sufre de angustia crónica. Uno de sus mayores temores es no estar preparado para sus clases. Se angustia ante la posibilidad de que uno de sus alumnos le haga alguna pregunta que no pueda responder. En su mente, si esto sucediera, todos los demás alumnos pensarían que es incompetente y el rumor de su ineptitud se esparciría como un incendio dentro de la facultad, culminando en un humillante despido en público. Doug enfrenta esa angustia preparándose excesivamente para su clase semanal, cada día durante varias horas. Tan excesiva actividad finaliza el día de su clase, ¡cuando dedica ocho horas de preparación para una clase de una hora! Otros ejemplos de exagerada preparación incluyen limpiar la casa durante varias horas antes de la llegada de las visitas, estudiar sobremanera antes de un examen y cargar con toda una gama de medicamentos en caso de que enfermarse.

Excesiva escrupulosidad. Esta otra conducta angustiosa radica en tomar medidas extremas para evitar ofender a las personas o violar algún código de moralidad. Pensemos en Sophie, madre de cuatro hijos. Una de sus principales angustias reside en la posibilidad de ofender si hace algo *indebido* o *poco ético*. En respuesta a tal temor, lleva los conceptos de moralidad y ética a sus extremos. Durante la terapia, contó sobre la ocasión en que se desvió de su camino y condujo durante una hora para pagarle a una amiga que le había dado algo de cambio para hacer una pequeña compra. Quizá, usted encuentre aquí una conducta muy parecida en sí mismo, si es que comparte la angustia de pensar que otras personas pudieran verlo desde arriba o desvalorizarlo si no hace lo *correcto* todo el tiempo.

Búsqueda de una confirmación. La base de la búsqueda de una confirmación es tratar de eliminar las dudas. Podría buscarla en amigos o familiares. También consultando a algún médico o, de manera compulsiva, en Internet, los libros, u otras fuentes de información. Cualquiera que sea la vía, el objetivo es asegurarse de que su temor no se vuelva realidad. Por ejemplo, Keith es un exitoso analista financiero que se angustia constantemente por su salud. Cada vez que algún dolor lo aquejaba, consultaba Internet para confirmar que estaba completamente sano. Algunas veces quedaba convencido, después de varias horas de búsqueda, de que el dolor no era nada serio. Otras veces, seguía angustiado y se apresuraba a consultar a un médico para solicitarle una serie de estudios que le confirmaran su salud. Desafortunadamente, el alivio de recibir un buen reporte de salud duraba muy poco. Cada vez que lo aquejaba un nuevo dolor, Keith iniciaba nuevamente su búsqueda de una confirmación.

Evasión. La evasión es una característica esencial de la ansiedad crónica y la angustia. La creencia que se oculta detrás de la evasión es que si se mantiene lejos de sus temores, éstos no se harán realidad. Por ejemplo, uno de nuestros pacientes, Ben, es un profesionista activo de 40 años de edad. Una de sus principales metas en la vida es casarse y tener una familia. Desafortunadamente, uno de sus principales temores es quedar atrapado en un matrimonio desdichado. El resultado es que Ben evita, en lo posible, tener encuentros amorosos. Y cuando lo hace, de inmediato halla algún defecto en la mujer que está viendo y termina la relación antes de que se convierta en algo más íntimo. De esta forma, Ben evita el riesgo de vivir una mala relación. Por supuesto, existe una consecuencia negativa a su evasión. Al llevarla a cabo a ese extremo, evita la posibilidad de alcanzar su sueño y de vivir un matrimonio feliz y una vida familiar.

Ejercicio: identifique sus conductas angustiosas

Ahora le toca a usted identificar sus conductas angustiosas. La próxima vez que se angustie, observe sus reacciones atentamente. ¿Llevó a cabo alguna conducta como las descritas anteriormente? ¿Cuáles fueron? Enumere estas conductas en su libreta. Se concentrará en ellas mientras cambia su respuesta a la angustia.

Cómo eliminar las conductas angustiosas

La idea de que al cambiar las conductas angustiosas puede dominar su aflicción, data del año 1966, año en que el psicoanalista Victor Meyer trabajaba en un hospital de Inglaterra para las personas que padecían algún trastorno obsesivo-compulsivo (OCD, Obsessive-Compulsive Disorder). En esa época, el OCD era considerado un trastorno incurable. En el hospital de Meyer, sus pacientes sufrían temores obsesivos a la contaminación, una forma muy común del OCD. En respuesta a tales temores, los pacientes se aseaban de manera excesiva. Las personas con este tipo de OCD pueden lavarse las manos cientos de veces al día y tomar baños que duran varias horas. Puesto que las opciones de tratamiento eran limitadas en ese entonces, Meyer decidió intentar una cura radical. Evitó que los pacientes llevaran a cabo sus rituales de aseo cerrando el suministro de agua en el hospital. De pronto, debido a la intervención de Meyer, ¡sus pacientes no pudieron asearse en absoluto! Sin embargo, después de una elevación inicial en sus niveles de ansiedad, la mayoría mejoró significativamente. De hecho, muchos experimentaron una disminución de los síntomas por primera vez en muchos años (Meyer, 1966).

Los resultados de la intervención terapéutica de Meyer fueron tan alentadores, que los principales investigadores como Edna Foa (Foa y Franklin, 2001) y Gail Steketee (1993) adoptaron su tratamiento y lo dieron a conocer con el nombre de Terapia de Exposición y Prevención de la Respuesta (ERP, Exposure and Response Prevention Therapy). Esa forma de terapia conductual cognitiva se considera como la base del tratamiento de la OCD. El principio que se encuentra detrás de la ERP es muy simple: la exposición consiste en confrontar sus temores y la prevención de la respuesta consiste en eliminar cualquier conducta que los reduzca, como el asearse o permanecer en constante vigilia.

Puesto que las conductas angustiosas y las compulsiones comparten muchas similitudes, los investigadores y médicos han comenzado recientemente a aplicar la prevención de la respuesta en el tratamiento de la angustia (Brown, O'Leary y Barlow, 2001). El concepto es el mismo que en el tratamiento del OCD. Al enfrentar una angustia, evite actuar en consecuencia. Elimine, sin embargo, sus conductas angustiosas.

Al igual que los pacientes de Meyer, tal vez sienta un poco de ansiedad al principio. Sin embargo, con el tiempo, su ansiedad disminuirá permitiéndole tener un mayor control sobre su angustia.

Los costos y las ventajas de eliminar las conductas angustiosas

El utilizar la prevención de la respuesta para eliminar sus conductas angustiosas, tiene grandes ventajas. Sin embargo, existe también algún costo a esta estrategia. Es importante que tome en cuenta los pros y los contras antes de comprometerse a deshacerse de estas conductas. Los costos de eliminar las conductas angustiosas se dividen, por lo general, en dos categorías:

1. Una ansiedad temporalmente mayor.

2. El riesgo percibido de que lo que teme es muy probable que suceda.

Como podrá ver, estos costos toman la forma de un aumento de la incomodidad de corto plazo. En contraste, las ventajas de eliminar las conductas angustiosas incluyen su disminución a largo plazo. Éstas son algunas de las ventajas más comunes de poner fin a las conductas angustiosas:

- Menor ansiedad y angustia a largo plazo.
- Una mayor sensación de control sobre su angustia.
- Liberación de estas actividades que quitan tiempo.
- Mejores relaciones con otras personas.
- La noción de que su temor no se hará realidad porque es poco probable y no por llevar a cabo estas conductas.

Ejercicio: realice un análisis costo-ventaja

Antes de que decida terminar con sus conductas angustiosas, realice un análisis costo-ventaja. Trace una línea en la mitad de una hoja de papel y enumere los pros y los contras de resistirse a llevar a cabo estas conductas la próxima vez que sienta angustia. Al revisar su lista, ¿qué lado es el que gana? ¿Es mejor para usted continuar con estas conductas o eliminarlas?

Cambie su manera de reaccionar

Supongamos que ha decidido usted utilizar la prevención de la respuesta para terminar con las conductas angustiosas. ¿En realidad le servirá de ayuda? ¿Recuerda a Julie, la fisioterapeuta que se angustiaba ante la posibilidad de que su hijo muriera mientras dormía? Ella logró dominar su temor dando solamente este paso. Por las noches, cuando la angustia la atacaba, en vez de vigilar a su hijo, permanecía en la cama. Se propuso, terminantemente, no levantarse de la cama para ir a revisarlo. La primera noche fue en extremo difícil. Literalmente se quedó en cama, presa del terror. Por su cabeza rondaban pensamientos de su hijo muriendo. Sin embargo, resistió la urgencia de acudir a revisarlo. La siguiente noche, hizo lo mismo y su angustia comenzó a disminuir. En el lapso de una semana, con el simple hecho de no levantarse a revisar a su hijo a mitad de la noche, logró vencer un temor que la había invadido durante más de ocho años, desde que su hijo había nacido.

Como podrá usted ver con el ejemplo anterior, este paso requiere correr algunos riesgos. Una de las principales cosas que pone en riesgo es que aquello que teme en realidad ocurra. Eso es extremadamente imposible. El hijo de Julie vivía porque era saludable y estaba seguro y porque es casi improbable que un niño muera inexplicablemente mientras duerme.

De igual manera, muchas de las cosas que lo angustian no han ocurrido, sobre todo, porque son sucesos muy extraños y no porque usted los haya prevenido con sus conductas angustiosas. Sin embargo, aún puede sentir el riesgo al resistirse a estas conductas de cara a la angustia. Sólo si termina con ellas se convencerá usted mismo de que son innecesarias.

Lo segundo que pone en riesgo es el miedo de verse impedido, por la incrementada ansiedad temporal que siente al resistirse a tales conductas. Muchas personas que sufren de angustia temen que la excesiva ansiedad pueda tener consecuencias catastróficas, como un colapso nervioso o un episodio de psicosis. Algunos de nuestros pacientes nos han referido que le temen a la posibilidad de que si su ansiedad se eleva demasiado, tendrán que pasar el resto de su vida dentro de una institución mental. Si bien ese es un temor común, la ansiedad —no importa qué tan intensa— no provoca que las personas pierdan la razón.

Por último, al eliminar las conductas angustiosas, se arriesga a vivir una vida un poco más incierta. Éstas dan la apariencia de certidumbre. Siente que, si las lleva a cabo, puede manejar los resultados. Si se deshace de ellas, la vida podría parecer más incierta y fuera de control. ¿Pero lo es realmente? ¿O hasta ahora ha vivido usted con la incertidumbre?

Ejercicio: termine con las conductas angustiosas

Ahora le toca a usted intentar dar este paso. La próxima vez que lo atrape la angustia, ¡resístase a hacer algo al respecto! Tal vez sienta que su angustia se hace cada vez más intensa. ¡Sea obstinado y no se dé por vencido! Al final, su ansiedad disminuirá y usted se sentirá mejor. Cuando eso suceda, felicítese a sí mismo. Acaba de dar un paso importante hacia la conquista de su angustia.

Si tiene problemas

Deshacerse de sus conductas angustiosas suena sencillo; sin embargo, es una tarea estimulante. He aquí algunas sugerencias en caso de que se le presente alguna dificultad:

- Elimine todas las conductas angustiosas. Si se deshace de algunas, pero no de otras, eso no tendrá ningún impacto en su angustia.
- Al eliminar una conducta angustiosa, asegúrese de no sustituirla por otra. Esto incluye las nuevas conductas que tienen la misma función que aquella que ha eliminado. Por ejemplo, si Julie reemplazara el vigilar a su hijo por utilizar un intercomunicador para bebés para escucharlo respirar desde su habitación, no hubiera dominado realmente su temor.
- Deshágase de las conductas angustiosas en cualquier circunstancia y en todo momento. Una vez que haya decidido terminar con ellas, hágalo por completo. Si lleva a cabo la conducta aunque sea de manera esporádica, seguirá conservando su angustia.
- Sospeche de sus acciones. Las conductas angustiosas pueden ser extraordinariamente sutiles. Si elimina una y no siente un aumento de su ansiedad al inicio, probablemente esté pasando algo por alto. Observe con atención. ¿Hay algo que esté pasando por alto? Si es así, elimínelo.

Cómo reemplazar las conductas angustiosas

Las conductas angustiosas pueden consumir una enorme cantidad de tiempo. Una vez que las haya eliminado, probablemente cuente con una enorme cantidad de tiempo libre, lo cual puede ser una oportunidad para crear más angustia. Afortunadamente, existe una solución a este problema: planificación de la actividad.

La planificación de la actividad consiste en planear intencionalmente las actividades para llenar su tiempo libre. Los tipos de tareas que puede usted planificar se clasifican en dos categorías: sucesos placenteros y sucesos de dominio (Burns, 1999). Los sucesos placenteros son las actividades que considera divertidas y agradables. Veamos algunos ejemplos:

- ir de compras
- leer
- ir al cine, a un concierto, a un evento deportivo o a un espectáculo
- almorzar con un amigo
- escuchar música

Los sucesos de dominio son las actividades que no necesariamente resultan divertidas pero que, sin embargo, le brindan cierta sensación de satisfacción o de realización. Éstos son algunos ejemplos:

- pagar las cuentas
- llevar un buen balance de la chequera
- limpieza
- llevar el auto al taller
- actualizar su currículum
- hacer ejercicio.

Ejercicio: enumere las actividades que son agradables o que le brindan una sensación de dominio

Trace una línea media en una hoja de su libreta. De un lado, escriba el título Placer y del otro lado Dominio. En el lado del Placer, enumere las actividades que usted disfruta, ya sea ahora o en el pasado. Asimismo, enumere las actividades que usted cree que disfrutaría pero que, en realidad, no ha intentado realizar. Por ejemplo, digamos que usted desea aprender a pintar. En ese caso, enumeraría usted la acción de pintar en la columna del Placer, aun cuando nunca la haya realizado. Del lado del Dominio, enumere los asuntos y las actividades que le brindan una sensación de realización al ser completadas. Asegúrese de incluir también en el lado del Dominio cualquier cosa que haya estado eliminando, como ver a su médico o contestar una llamada telefónica.

Ejercicio: planifique las actividades que le son agradables o le brindan una sensación de dominio

Una vez que haya enumerado las actividades que le brindarán placer o una sensación de dominio, elabore un programa diario y ubíquelas en lapsos de tiempo a lo largo del día. Preste mucha atención a las veces en que, por lo general, se angustia y lleva a cabo conductas angustiosas. En esos momentos, sin embargo, planee actividades que le brinden placer o una sensación de dominio y complételas según lo planeado.

Puntos esenciales

- Las conductas angustiosas reducen la ansiedad y lo hacen sentir bien momentáneamente. Cualquier cosa que usted haga en respuesta a la angustia, podría considerarse una conducta angustiosa.
- Las conductas angustiosas continúan porque al involucrarse en ellas, experimenta usted un alivio temporal. Sin embargo, a la larga, seguirán conservando su angustia al validar sus temores y evitar que usted descubra que sus angustias probablemente no se hagan realidad, aun sin ellas.
- Hacer un seguimiento de sus respuestas a la angustia le ayudará a determinar su propia serie de conductas angustiosas.
- Terminar con estas de manera permanente es un paso muy importante hacia la conquista de la an-

gustia. Proseguir con ellas, aun de manera esporádica, puede hacer que la angustia permanezca.

- Una vez que ha erradicado una conducta angustiosa, puede usted llenar cualquier tiempo libre si planifica las actividades que le brindan una sensación de placer o dominio. Preste cuidadosa atención a las veces que se angustia o que lleva a cabo conductas angustiosas y en vez de eso, llene esos momentos con actividades que disfrute o que sean productivas.

6. ACEPTE LA INCERTIDUMBRE

Muchas de las soluciones descritas en este volumen consisten de pasos claros y específicos, diseñados para reducir la angustia. Este capítulo es un poquito diferente. En vez de sugerir una acción clara que suprima directamente la angustia, le pediremos que evalúe y modifique su manera de pensar sobre una característica fundamental de la angustia: la incertidumbre. Explicaremos el papel que juega la incertidumbre en la angustia y cómo la intolerancia a la incertidumbre se localiza en la esencia misma de la angustia. Asimismo hablaremos de los factores claves que interactúan con la intolerancia a la incertidumbre y que, de manera indirecta, resultan en la preservación y la intensificación de las angustias. Describiremos las técnicas adecuadas para abordar esos factores de tal modo que pueda usted reducir la angustia en su vida si aprende a aceptar la incertidumbre.

¿Qué es la incertidumbre?

¿A qué nos referimos con incertidumbre? Incertidumbre es el estado que existe cuando el resultado de algo no es claro. Si lo piensa bien, esto se refiere a cualquier cosa en la vida. De hecho, todo lo que usted enfrenta diariamente es incierto. Tome algo pequeño, como el comer. ¿Cómo sabe usted —pero saber realmente— que no se ahogará hasta morir en su próximo bocado? Claro que no lo sabe con certeza. Sin embargo, no deja de comer. ¿Cómo sabe que la próxima vez que tome un baño no se resbalará y golpeará su cabeza? No lo sabe; sin embargo, no deja de bañarse. ¿Cómo sabe que al salir una mañana, aún existirá la gravedad? No lo puede saber con certeza; sin embargo, no deja de salir de casa cada mañana sin su traje espacial. Vivir con la incertidumbre es algo que hace minuto a minuto en su vida.

Así pues, la incertidumbre —por sí misma— no es el principal problema de la angustia. El problema es que usted ha elegido áreas específicas: su salud, sus relaciones o su empleo, por ejemplo, en las cuales exige una certeza. Cree que debe saber cómo resultarán las cosas. El problema es que no puede saberlo. Nadie posee una bola de cristal. ¿Podrían despedirlo? Claro. ¿Podría usted morir debido a una extraña enfermedad? Suele suceder. La incertidumbre en sí, no es el problema puesto que todos vivimos con estas posibilidades cada día. Entonces, ¿qué sucede con la incertidumbre que nos lleva a la angustia?

La angustia y la intolerancia a la incertidumbre

Los investigadores que trabajan para descifrar el papel que juega la incertidumbre en la angustia han identificado la intolerancia a la incertidumbre como la característica principal de la angustia e incluso sugieren que esta intolerancia puede ser un factor causal de riesgo para la angustia (Ladouceur, Gosselin y Dugas, 2000). ¿Qué es intolerancia a la incertidumbre? Se puede definir como la tendencia a reaccionar de manera negativa —a un nivel emocional, cognitivo o conductual— a situaciones y sucesos inciertos (Dugas, Buhr y Ladouceur, 2004). Por ejemplo, Dugas y sus colegas notaban que la alta intolerancia a la incertidumbre lleva a una mayor angustia por las situaciones ambiguas y que aquellos que sufren de angustia son más propensos a malinterpretar peligrosamente esas situaciones ambiguas (Dugas y otros, 2005).

Este grupo descubrió también que algunas personas —de manera sorprendente— preferirían un resultado negativo conocido que la incertidumbre. Puede ser algo difícil de creer, pero hemos descubierto el mismo fenómeno en nuestras prácticas. Un paciente incluso juraba que preferiría morir mañana que vivir con la incertidumbre sobre la eficacia del tratamiento para su enfermedad. Estas fuertes creencias sobre la necesidad de la certeza son muy evidentes en muchos de nuestros angustiados pacientes: ¿Qué tal si se va la luz durante mi fiesta de mañana? Las probabilidades son pocas; sin embargo, sigue siendo una preocupación porque podría suceder. Mi situación económica está bien ahora, ¿pero qué tal si pierdo mi empleo? Las cosas están bien, pero eso puede cambiar.

Las personas que sufren de angustia —y que por lo tanto exigen una certeza— por lo general asumen que los resultados inciertos serán malos. Para ellas es como si no existieran las sorpresas positivas en la vida. Ejemplo: uno de nuestros pacientes sufrió de un ataque de angustia mientras esperaba los resultados de una biopsia practicada a su perro. Durante la espera, el resultado —naturalmente— era incierto. Ese paciente estaba absolutamente convencido de que el resultado de la prueba le daría malas noticias. Era como si fuese la única posibilidad. De hecho, podría decirse que estaba *seguro* de que su perro padecía de una enfermedad terminal. Cuando surgió la posibilidad de obtener un resultado positivo, pareció desconcertado. Fue como si nunca hubiese considerado esa posibilidad.

Básicamente, las personas que sufren de angustia ven la incertidumbre como algo negativo que debe evitarse a cualquier precio. El problema es —como ya lo habíamos mencionado— que la incertidumbre está en todos lados. ¿Cómo se puede evitar algo que normalmente forma parte de la vida?

¿Pero acaso no es mala la incertidumbre?

En este momento tal vez usted piense que la incertidumbre es mala, que es algo que no debiera tolerar. Tal vez piense que buscar la certeza —en cualquier situación— es siempre algo bueno. Sin embargo, éste no es el caso. Una de nuestras pacientes, Dana, relataba una historia sobre las adversidades de la certeza. Nos contó una anécdota personal que vivió cuando era niña durante una época de Navidad. Ella y su hermana mayor buscaron en el armario de sus padres sus regalos ocultos. Los desenvolvieron cuidadosamente hasta poder ver lo que contenían y, después, volvieron a envolverlos. En la mañana de Navidad, ya sabían exactamente lo que contenía cada caja de regalo antes de ser abiertas. Lo único que Dana sentía esa mañana era culpa y tristeza, culpa por violar la confianza de sus padres y tristeza por pasar una Navidad sin sorpresas.

Suponga que usted ya sabe qué cosas buenas le sucederán en su vida. ¿Acaso no le quitaría eso algo de riqueza y alegría? Suponga que ya sabe todo lo malo que le sucederá. ¿Acaso no sería una especie de amortiguador? ¿Acaso saldría con su primer amor si sabe que, al final, terminarán? ¿Rasparía un boleto de lotería si de antemano sabe que no ganará? ¿Acudiría a un partido de futbol de su equipo favorito si sabe que lo arruinarán en el último segundo?

Es la incertidumbre —la emoción de no saber— lo que nos permite vivir la vida y sentir amor,
emoción, alegría y asombro. Cuando renunciamos a
la necesidad de saber, la vida se vuelve emocionante
y, sí, un poco riesgosa. Sin algo de incertidumbre, la
vida es monótona y aburrida —como el saber lo que
contienen sus cajas de regalo antes de abrirlas—. Una
vida sin incertidumbre no ofrecería ninguna posibilidad de recibir sorpresas agradables y los resultados
negativos que se conocen de antemano nos quitarían
el deseo de tomar riesgos.

Cómo vencer su intolerancia
a la incertidumbre

Puesto que la incertidumbre existe en todo lo que hacemos, el objetivo es no eliminarla sino reconocerla
y aceptarla como una parte inevitable de la vida. No
podemos deshacernos de las situaciones inciertas pero
sí podemos desarrollar estrategias para enfrentarlas.
Algunos estudios han descubierto que las intervencio-
nes conductuales conscientes, como las descritas en
este libro, son eficaces para aumentar la tolerancia a
la incertidumbre y disminuir la angustia (Ladouceur,
Dugas y otros, 2000). Sin embargo, manejar de manera eficaz la intolerancia a la incertidumbre también
implica abordar las siguientes variables que son importantes y que interactúan con ésta para crear y preservar la angustia:

- Las erróneas suposiciones positivas acerca de la angustia
- La evasión cognitiva
- La orientación negativa de un problema

En las siguientes secciones, describiremos las técnicas que le ayudarán a vencer estos factores que se relacionan con la incertidumbre. Asimismo, le ayudaremos a identificar las estrategias más eficaces de acuerdo con el tipo de angustia.

Cómo identificar el tipo de angustia

Tal como lo hemos mencionado anteriormente, la angustia puede tener una función útil, es decir, en algunos tipos de angustia. La angustia productiva nos lleva a tomar decisiones, hacer cambios en nuestras vidas o prepararnos mejor para ciertas tareas o circunstancias. Desafortunadamente, gran parte de nuestra angustia suele ser improductiva y orientada hacia el futuro. La angustia improductiva se enfoca en las cosas que no podemos enfrentar o en los problemas que ni siquiera existen y que quizás nunca ocurran. Por lo general, a las personas que la sufren les resulta difícil reconocer la diferencia, lo cual da como resultado que todas las angustias parezcan importantes, probables y necesarias.

Como usted sabe, la angustia productiva puede diferenciarse de la improductiva si se toman en cuenta ciertas cuestiones, como los plazos (el presente frente al futuro), la credibilidad y la posibilidad de una acción inmediata (Leia, 2004). ¿Por qué es importante aprender a identificar la diferencia entre ambas? Porque las estrategias que usted utilizará para abordar las angustias ante los problemas actuales y creíbles serán distintas a las que utilizará para enfrentar las angustias improbables y orientadas al futuro.

Ejercicio: identifique el tipo de angustia

Ponga en práctica distinguir entre la angustia productiva y la angustia improductiva con los ejemplos enumerados a continuación. ¿Cuáles de ellas son improductivas? Recuerde que las productivas son realistas, actuales y controlables mientras que las improductivas no son reales, están orientadas al futuro y fuera de control.

¿Qué tal si no estoy preparado para mi presentación la próxima semana?
- ☐ Real, actual, controlable.
- ☐ Irreal, orientada al futuro, fuera de control

¿Qué tal si contraigo cáncer cerebral y muero?
- ☐ Real, actual, controlable.
- ☐ Irreal, orientada al futuro, fuera de control.

¿Qué tal si mi avión se estrella?
- ☐ Real, actual, controlable.
- ☐ Irreal, orientada al futuro, fuera de control.

¿Qué tal si fallo en el examen?
- ☐ Real, actual, controlable.
- ☐ Irreal, orientada al futuro, fuera de control.

¿Qué tal si mi hija contrae la gripe aviar?
- ☐ Real, actual, controlable.
- ☐ Irreal, orientada al futuro, fuera de control.

¿Qué tal si mi pareja muere en un accidente automovilístico?
- ☐ Real, actual, controlable.
- ☐ Irreal, orientada al futuro, fuera de control.

¿Qué tal si mi auto se descompone?
- ☐ Real, actual, controlable.
- ☐ Irreal, orientada al futuro, fuera de control.

¿Qué tal si no se me ocurre qué decir en la fiesta?
- ☐ Real, actual, controlable.
- ☐ Irreal, orientada al futuro, fuera de control.

¿Qué tal lo hizo? ¿Pudo usted identificar qué pensamientos eran actuales y creíbles y cuáles estaban orientados al futuro y eran irreales? Si le pareció difícil hacerlo, tome en cuenta estas preguntas: ¿es probable que esto suceda? ¿Existe alguna solución al problema? ¿Existe algo que pueda usted hacer hoy para que esto cambie? ¿Qué tal la próxima semana? Si la respuesta a estas preguntas es no, probablemente se trate de una angustia improductiva y orientada al futuro. En el ejercicio anterior, las angustias provocadas ante la posibilidad de contraer cáncer cerebral, de un accidente aéreo, de perder a su pareja en un accidente automovilístico y de contraer la gripe aviar, son ejemplos de una angustia que es improductiva, orientada al futuro y fuera de control.

Cómo reevaluar sus convicciones sobre la angustia

Ahora que ya ha puesto en práctica el distinguir entre las angustias actuales y productivas y las improbables y orientadas al futuro, es momento de echar un vistazo a sus convicciones sobre la angustia. Si es usted igual que otras personas que la sufren, entonces vive una relación de amor-odio con ella. Tal vez no le agrade la ansiedad y la tensión que le provoca, pero, tal vez, también conserve algunas convicciones sobre su angustia (Wells, 1999). Éstas son algunas de esas convicciones:

- **La angustia me ayuda a encontrar las soluciones a mis problemas.** Si conserva esta convicción, tal vez se pregunte: "¿Cómo estaré preparado para los posibles problemas si no tomo en cuenta todos los posibles resultados?".

- **La angustia me motiva a hacer cosas.** Esta convicción a menudo se afirma diciendo: "Si no me preocupara por estas cosas, entonces nunca se harían".

- **La angustia me protege de las emociones negativas.** Uno de nuestros pacientes captó atinadamente la esencia de esta convicción con esta sencilla afirmación: "Prefiero angustiarme ahora por esto que ser tomado por sorpresa".

- **La angustia previene los resultados negativos.** Quizá usted piense, por ejemplo: "Si no me preocupo por caer enfermo, algo malo puede suceder".

- **Si me angustio significa que soy una persona escrupulosa y responsable.** Esta convicción se podría expresar, por ejemplo, preguntando: "¿Qué clase de persona sería si no me preocupara por mis hijos?".

Entonces, ¿qué tiene que ver esto con la incertidumbre? Algunos investigadores piensan que, en realidad, la intolerancia a la incertidumbre contribuye al desarrollo de tales convicciones durante el proceso de reforzamiento (Dugas, Buhr y Ladouceur, 2004).

Por ejemplo, si usted es intolerante a la incertidumbre tal vez pueda desarrollar la convicción de que la angustia lo protegerá en el futuro de las emociones negativas. En otras palabras, si se angustia anticipadamente, entonces nunca se sentirá decepcionado ni sorprendido si algo malo sucede. Esta convicción lo animaría a angustiarse y conservaría su intolerancia a la incertidumbre al no permitirle saber que podría enfrentar las sorpresas indeseables sin una previa preparación.

Ejercicio: ponga a prueba sus convicciones sobre la angustia

Utilice las siguientes preguntas para ayudarse a poner a prueba sus convicciones sobre la angustia. Al ponerlas a prueba, le resultará más fácil deshacerse de la angustia y, al final, de su necesidad por la certeza:

- ¿Soy mejor para resolver problemas gracias a mi angustia? ¿Qué prueba tengo de esto?
- ¿Alguna vez enfrenté de manera eficaz alguna crisis inesperada aun cuando no me ocupé de ella previamente?
- ¿Me concentro mejor o peor cuando estoy ansioso y angustiado? ¿Me ayuda eso a generar soluciones a mis problemas? ¿Mejora eso mi productividad?
- ¿Mi angustia evita que cumpla un objetivo o una tarea?

- Cuando en el pasado sucedía algo, ¿ me hacía sentir triste, temeroso o enfadado aunque me angustiara de antemano?
- ¿Han sucedido cosas buenas de repente, aunque no haya pensado en ellas o las haya planeado? ¿Han sucedido cosas malas aunque me angustiara por ellas con antelación?
- ¿Tengo amigos o familiares que se angustian menos que yo? ¿Eso significa que son personas insensibles o despreocupadas?

Anote las respuestas en su libreta y consúltelas cada vez que se le dificulte desechar sus angustias o sienta que está utilizando su angustia improductiva.

Cuidado con la evasión cognitiva

Otra de las variables que interactúan con la intolerancia a la incertidumbre para crear una angustia es la evasión cognitiva (Dugas, Buhr y Ladouceur. 2004). Las personas a quienes se les dificulta tolerar la incertidumbre utilizan la angustia para anticiparse a los resultados negativos. Puesto que suelen hacerlo utilizando pensamientos verbales en vez de imágenes (Borkovec e Inz, 1990), esto se convierte también en una forma de evitar las amenazadoras imágenes mentales sobre las tan temidas catástrofes del futuro.

Así, la angustia permite la evasión de tales inquietantes imágenes sobre los inciertos resultados en el futuro o las temidas catástrofes. Sin embargo, la evasión también suele fortalecer los pensamientos catastróficos, reforzando su importancia y socavando su propia confianza para tolerar los inciertos resultados de las cosas que le angustian. Puesto que los problemas orientados al futuro no pueden abordarse con técnicas comunes para resolver problemas, es decir, usted no puede resolver lo que aún no ha sucedido, éstos son mejor tratados si se utiliza un método llamado *exposición a la angustia*. Esa estrategia se discutirá más detalladamente en el capítulo 9.

Cómo vencer la orientación negativa hacia el problema

El último factor que interactúa con la intolerancia a la incertidumbre en la creación de la angustia, es una orientación negativa hacia el problema. Si bien en las personas que sufren de angustia permanece intacta su habilidad para solucionar problemas, sí tienden a encontrar dificultades para aplicar estas habilidades. La orientación hacia el problema se refiere a la manera de pensar y sentir con respecto a sus problemas, así como a su manera de evaluar sus habilidades para resolverlos. Los investigadores han descubierto que una orientación negativa hacia un problema se encuentra claramente vinculada a la angustia (Dugas y Ladouceur, 2000).

Puesto que el resultado de cualquier problema es incierto, es fácil ver cómo las personas que sufren de angustia, a quienes les resulta difícil tolerar la incertidumbre, podrían inclinarse por enfocarse en los aspectos inciertos y no en las soluciones. Sin embargo, aunque algunos investigadores han descubierto que los pacientes con un trastorno generalizado de ansiedad confían menos en su habilidad para resolver problemas que las personas que no sufren de angustia (Dugas y otros, 1998), la buena noticia es que no existe diferencia alguna en la habilidad para resolver problemas. Usted puede utilizar sus habilidades para solucionar problemas para abordar las angustias productivas.

Ejercicio: utilice sus habilidades para resolver problemas

Elija usted de su libreta una angustia que considere que se ajusta al criterio de una angustia productiva —creíble, actual y soluble—. Ahora, tome esa angustia y realice los siguientes pasos:

1. Describa los elementos básicos del problema. Sea lo más específico posible. Asegúrese de anotar también lo que le gustaría que fuera diferente.

2. Anote cualquier posible solución que se le ocurra. Incluya cualquiera, por más absurda que parezca.

3. Ahora elija la solución que usted cree tiene la mayor posibilidad de éxito y la que le parezca más factible

4. Divídala en pequeños pasos necesarios para alcanzar el objetivo.

5. ¡Llévelos a cabo!

Tal vez este proceso le parezca tedioso o difícil al principio. Pero con la práctica, podrá realizarlo con mayor eficiencia y facilidad. Con el tiempo, desarrollará mayor confianza en su habilidad para resolver problemas e incluso tal vez descubra que es capaz de eliminar algunas de las angustias incluidas en su lista.

Cómo aprender a tolerar la incertidumbre

Ahora es momento de tomar todo lo que ha aprendido en este capítulo y utilizarlo para sentir por completo la incertidumbre de la vida. Emplee las siguientes afirmaciones para responder a los pensamientos del tipo "¿qué tal si...?":

• Nunca lo sabré con seguridad.
• Tal vez sí, tal vez no.
• No puedo predecir el futuro.
• Enfrentaré las cosas como se vayan presentando.

- El riesgo es parte de la vida –nada se pierde y nada se gana.
- No puedo estar absolutamente seguro.
- Cualquier cosa es posible.

La próxima vez que se enfrente con una pregunta de tipo "¿qué tal si...?", resista la tentación de responderla. Resista el deseo de buscar una certeza de frente a lo desconocido y, en vez de eso, acepte lo que es real, aquello que realmente no conoce con seguridad. Permita que la incertidumbre entre en su mente y acepte la duda de que ésta es algo inherente a la vida.

Puntos esenciales

- La intolerancia a la incertidumbre juega un papel muy importante en la angustia.
- Las variables tales como las convicciones acerca de la angustia, la evasión cognitiva y la mala orientación de un problema, pueden interactuar con la intolerancia hacia la incertidumbre para crear y preservar la angustia.
- Muchas personas que sufren de angustia tienen convicciones sobre ella y el poner a prueba estas convicciones puede resultar benéfico para reducirla.
- La angustia orientada al futuro o improductiva puede enfrentarse mejor exponiéndose a ella.

- Las personas que padecen de angustia confían menos en su habilidad para resolver problemas y encuentran mayor dificultad en aplicar estas habilidades, a pesar de tener intacta su capacidad para solucionar los problemas.
- Las angustias actuales o factibles pueden abordarse utilizando sus habilidades para resolver problemas.
- Tome en cuenta la incertidumbre en su propia vida y ponga en práctica su habilidad para aceptar y vivir la incertidumbre.

7. ADMINISTRE SU TIEMPO

Todos hemos llegado a sentir que hay demasiadas cosas por hacer y que no hay tiempo suficiente para hacerlas. Sin embargo, sin una eficaz habilidad para administrar el tiempo, las obligaciones y los deberes se sienten cada vez más abrumadores. Un uso ineficiente del tiempo puede provocar frustración, postergación, tensión, angustia y una menor productividad. ¿Se acuerda de alguna vez, durante el mes pasado, en que se haya apresurado a terminar un proyecto o una tarea? ¿Alguna vez no hizo algo importante por falta de tiempo?

La buena noticia es que puede aprender a dominar su tiempo —incluso aunque no sienta que lo necesita—. Y al hacerlo tendrá un impacto positivo en su angustia. Las investigaciones han demostrado que al crear habilidades para administrar el tiempo, disminuyen la evasión, la postergación y la angustia (Van Verde, 2003). Sí, hay tiempo suficiente para terminar las tareas, alcanzar las metas y hacer las cosas que quiere hacer si mejora usted su administración del tiempo. En este capítulo, le enseñaremos a administrarlo mejor y, por lo tanto, a disminuir su angustia.

La eficaz administración del tiempo

A continuación describiremos un método eficaz de cuatro pasos para administrar su tiempo:

1. Desarrollar una conciencia
2. Analizar su manera de utilizar su tiempo
3. Planificarlo
4. Evaluar su plan

Primer paso: desarrollar una conciencia

Casi todas las personas creen manejar bien su tiempo; sin embargo, no se dan cuenta del que desperdician en tareas inútiles o improductivas. Antes de mejorar su manera de utilizarlo, primero observe lo que está haciendo con su tiempo ahora, siguiendo los siguientes pasos:

1. En la parte superior de una hoja de su libreta anote la fecha de mañana. En la parte izquierda, divida el día en intervalos de 15 minutos, comenzando a las 6 de la mañana. Asegúrese de incluir las 24 horas. A continuación, haga lo mismo con cada día de la próxima semana.

2. Ahora estará listo para comenzar a registrar su manera de utilizar el tiempo. Durante la sema-

na, observe cuidadosamente sus actividades. Esto le dará una idea más detallada de dónde pasa su tiempo y de si se requiere de algunos ajustes. Asegúrese de hacer un seguimiento de cuánto tiempo pasa durmiendo, comiendo, trasladándose, viendo televisión y haciendo quehaceres. Sea lo más detallado posible. Lleve la libreta consigo y registre las actividades tan pronto como termine de hacerlas. No confíe en su memoria ni espere hasta el final del día para anotarlas. Para que este ejercicio funcione, necesitará de una visión precisa de su itinerario.

3. Tal vez sienta que no necesita hacer esto porque ya sabe cómo utiliza su tiempo. A manera de experimento, anote sus cálculos sobre cuánto espacio dedicaría para hacer las anteriores actividades en la siguiente semana. A continuación, analice su tiempo durante algunos días y observe cuánto se aproximó en sus cálculos. Nuestros pacientes por lo general descubren que no fue mucho. De hecho, a veces, se sorprenden al comprobar la cantidad de tiempo que gastan en cosas como trasladarse de un lado a otro o ver televisión.

¿Acaso el hacer un detallado seguimiento de su itinerario le suena abrumador? ¿Siente que no dispone de tiempo para hacerlo? Recuerde que esto es sólo temporal. No tiene que efectuar este ejercicio toda su vida;

sólo una semana. Y si ahora gasta el tiempo, en el futuro ganará más. Considérelo como una inversión para disminuir su angustia y tensión y como el primer paso para ganar mayor control sobre el uso de su tiempo.

Segundo paso: analizar el uso de su tiempo

¿Anotó sus actividades de la próxima semana? Si no lo ha hecho, hágalo antes de continuar. Es un paso importante para administrar mejor su tiempo. Al registrar sus actividades, podrá ver cómo lo utiliza. Una vez que las haya anotado, analice su manera de usar el tiempo mediante los siguientes pasos:

1. Observe las actividades que anotó para la semana pasada. ¿Puede agruparlas en categorías? Anótelas en forma de lista a la izquierda de una nueva hoja de su libreta. Algunas incluyen dormir, comer, trabajar, leer, ver televisión, hacer mandados, hablar por teléfono, aseo personal, preparar la comida, cuidar a los niños, hacer quehaceres domésticos, trasladarse de un lado a otro y divertirse. Utilice esas categorías para empezar; sin embargo, puede agregar a la lista cualquier cosa que se ajuste a su persona.

2. A continuación, del lado derecho de la página, señale cuánto tiempo gastó la semana pasada realizando las actividades de cada categoría. Asegúrese de considerar todas las horas incluidas en una semana: 168.

3. ¿Algo le sorprendió? ¿Pasó más tiempo del que pensó en determinada actividad? ¿Hubo algo a lo que hubiera querido dedicarle más horas? ¿Y qué tal al revés? ¿Hubo algo que pudo haberle encargado a alguien más o a lo que pudo haberse negado? ¿Pasó momentos haciendo tareas inútiles? ¿Hubo algo que hubiera querido hacer y no pudo? Anote sus respuestas a estas preguntas en su libreta.

Andrea era una paciente que utilizaba este paso para reducir su angustia. Como ejecutiva comercial con un itinerario muy agitado, una de sus principales quejas era su incapacidad para administrar el tiempo eficazmente. Conforme transcurría el día, con frecuencia se sentía ansiosa y abrumada por la enorme cantidad de cosas que debía hacer. En un esfuerzo por mejorar su habilidad para administrar el tiempo y enfrentar su angustia, Andrea llevó un registro de sus actividades durante una semana. Entonces analizó la cantidad de tiempo que le dedicaba a cada actividad. Descubrió que muchas tareas le tomaron más tiempo del necesario. Esto le dio la esperanza de poder administrarlo con mayor eficacia.

Cumpliendo los siguientes dos pasos, recuperó el tiempo perdido y reevaluó sus prioridades. Como resultado, pudo dedicarse más a las cosas que consideraba importantes. Estas nuevas habilidades ayudaron a Andrea a reducir enormemente su angustia.

Tercer paso: planificar su tiempo

El próximo paso es hacer un plan sobre cómo le gustaría utilizar su tiempo. Observe cómo respondió las preguntas en el segundo paso y tome en cuenta esas respuestas cuando planee su semana entrante. ¿Utilizó su tiempo de una manera consistente con sus prioridades u objetivos? Si descubrió que se dedicó mucho a las actividades inútiles mientras que otras se dejaron sin realizar, la siguiente estrategia podría resultarle útil. Guíese por los siguientes pasos para determinar la manera más eficaz de emplear su tiempo:

1. En su libreta, haga un itinerario en blanco parecido al que utilizó al registrar sus actividades semanales.

2. Divida sus días en intervalos de 15 minutos. Después anote cualquier cita, reunión u otra actividad programada con una duración específica de inicio y final.

3. A continuación, registre el tiempo dedicado a dormir, comer, trasladarse de un lado a otro y cualquier otra tarea diaria, como peinarse o asearse. Asegúrese de ser realista con la cantidad de tiempo que le lleva realizar tales actividades.

4. Utilice los lapsos restantes para las tareas o metas optativas que pueden variar diariamente. Puesto que éstas son optativas, deberá priorizarlas de alguna manera para asegurarse de que las cosas importantes y urgentes queden hechas en su debido momento y que las poco importantes no interfieran con el proceso.

Para priorizar de una manera efectiva, primero elabore una lista de las cosas que desea completar. Puede agregar los objetivos y las obligaciones que vayan surgiendo. Piense en cada tarea incluida en su lista y si pertenece a alguna de las siguientes categorías:

- **Prioridad alta:** extremadamente importante para completarse hoy.
- **Prioridad media:** muy importante, pero no es urgente que quede terminada hoy.
- **Prioridad baja:** importante y necesita hacerse; pero no de inmediato.

Si algunas tareas no pertenecen a una de estas categorías —si son poco importantes o inútiles— considere la idea de eliminarlas por completo. O pregúntese si alguna de ellas podría ser delegada a un compañero de trabajo o a un familiar. En caso afirmativo, ¡hágalo! Con las tareas restantes, haga una anotación junto a cada una, señalando si se trata de una prioridad alta, media o baja. Ahora analice su itinerario para la siguiente semana, tome los elementos de alta prioridad de su lista y colóquelas en las celdas libres de su itinerario. Si le quedan celdas libres, tome las tareas de prioridad media y prográmelas. Programe las tareas de baja prioridad sólo si queda tiempo libre después de haber programado las tareas de prioridad alta y media.

Consejos para una programación eficaz

Conforme practique programar su tiempo de una manera más productiva, puede enfrentarse a varios pequeños problemas. Éstos son algunos consejos adicionales para asegurarse de que su planificación sea lo más eficaz posible:

- Sea realista al calcular el tiempo que le tomará realizar las actividades. Cuando tenga duda, agregue tiempo adicional.
- Deje algo de tiempo entre una y otra tarea, de tal manera que no se apresure a pasar de una cosa a otra. Haga una pausa para relajarse y reflexionar algunos minutos después de haber completado una actividad.
- Programe el tiempo de traslado y haga planes para el escenario de mayor probabilidad. Evite progra-

mar sólo la cantidad de tiempo que le llevará llegar a algún sitio en un clima o condiciones de tráfico ideales.

- Deje un espacio para las emergencias o las tareas inesperadas de alta prioridad.

- Siempre que sea posible, termine una actividad antes de pasar a la siguiente. Dejar muchas tareas parcialmente completadas contribuye a la aparición de la ansiedad e interfiere con su productividad a largo plazo.

- Programe tiempos específicos para comenzar y terminar. Los proyectos tienen una manera de expandirse para llenar el tiempo que queda disponible. Los tiempos específicos para finalizar pueden ser motivadores y aumentan su concentración y eficiencia.

- ¡No olvide programar tiempo para usted mismo! Recuerde que dejar tiempo para la diversión o los pasatiempos también es importante. A la larga, será usted más productivo si lo hace.

Cuarto paso: evaluar su plan

Para evaluar su plan, necesita hacer un seguimiento sobre qué tanto usted se ciñe a él. Durante la primera o segunda semana, agregue una columna más a la derecha de sus actividades programadas y registre lo que realmente hizo con su tiempo. ¿Qué tan bien lo hizo? ¿Completó sus tareas de alta prioridad? En caso afirmativo, ¡felicitaciones! Tómese un tiempo y concédase algún crédito pues acaba de dar un paso para reducir su angustia. Si no las completó, pregúntese por qué. ¿Qué evitó que se ciñera a su plan? ¿Se concentró en las de baja prioridad o inútiles y descuidó las importantes? En caso afirmativo, tal vez encuentre útil la siguiente sección.

Cómo enfrentar la postergación

La postergación es una trampa en la que, tarde o temprano, todos hemos caído. De hecho, uno de los problemas más comunes que nuestros pacientes nos refieren es el de la postergación. ¿Quién no ha postergado un proyecto o una tarea desagradable por algo más atractivo? ¿Quién no ha esperado hasta el último minuto para prepararse para una reunión o una clase? Todos lo hacemos porque funciona —al menos en el corto plazo— permitiéndonos evitar algo que nos resulta desagradable o que nos provoca ansiedad. Sin embargo, siempre hay un costo al final. Las investigaciones han descubierto que la postergación se asocia a una mayor angustia (Stöber y Joorman, 2001). Por lo tanto, a la larga, el postergar las cosas puede causarle una mayor incomodidad y estrés que si enfrenta esas tareas de manera inmediata.

¿Por qué las personas postergan las cosas?

Existen muchas explicaciones del porqué las personas postergan las cosas. Revise su itinerario de la semana pasada y vea si, a veces, postergó o evitó una tarea que requería de su atención. Lea la siguiente lista y observe si alguna de estas razones para postergar las cosas se aplica a usted:

- **Temor al fracaso.** En ocasiones, las personas postergan las tareas porque temen no ser buenas en ellas. En su mente, el no finalizar un proyecto o hacer un mal trabajo por falta de tiempo es menos doloroso que la posibilidad de fracasar después de haber puesto todo el esfuerzo.

- **Perfeccionismo.** Las personas pueden establecer estándares para una tarea que simplemente son demasiado altos. Sentir que una tarea o un proyecto debe ser perfecto puede, en realidad, evitar que se lleve a cabo del todo.

- **Sobrestimar la tarea.** A veces, las tareas pueden parecer desalentadoras; sin embargo, con frecuencia, las personas sobrestiman el tiempo que se tomará una tarea o su dificultad. Entonces, se hace más fácil postergarla o no hacerla en absoluto.

- **Angustiarse por eso.** En lugar de trabajar en un proyecto y avanzar hacia su realización, muchas personas gastan tiempo angustiándose por eso. Así se desperdicia tiempo en la angustia, en vez de utilizarlo de manera productiva.

- **Aceptar demasiada responsabilidad.** Aceptar demasiada responsabilidad para la realización de un proyecto puede resultar paralizante, dejándolo prácticamente congelado y evitando la tarea en vez de trabajar en ella de manera productiva.

Cómo superar la postergación

¿Se aplica en usted alguna de las siguientes razones para postergar una tarea? En caso afirmativo, analice las siguientes estrategias y utilícelas para superar la postergación. Recuerde que, a la larga, postergar las cosas solamente provoca mayor ansiedad y angustia. ¡Tome el control de su tiempo y comience por eliminar cosas de su lista!

- **Aborde cualquier convicción negativa sobre el fracaso.** ¿Cuántas probabilidades existen de que, si lo intenta, fracasará? ¿Y qué pasaría realmente si lo intentara y no tuviera éxito? ¿Conoce usted a alguien que nunca haya fracasado? Observe las consecuencias que usted teme y pregúntese, de manera objetiva, si es probable que sucedan. ¿La temida consecuencia sería peor que no hacer la tarea en absoluto? En caso negativo, inténtelo.

- **Descarte el perfeccionismo.** ¿Ha observado que no concluye las cosas ya sea porque gasta demasiado tiempo tratando de que salgan perfectas o porque, al querer que salgan perfectas, no las realiza en absoluto? En caso afirmativo, pregúntese qué pasaría si no salieran perfectas. ¿Qué significaría para usted? ¿Qué diría eso de usted? Tal vez sea difícil; pero para poder pasar el obstáculo del perfeccionismo, necesitará poner a prueba sus convicciones. Practique deponer las tareas con pequeños errores, interrumpir la limpieza de la cocina antes de sentir que el trabajo ha sido terminado o contestar las llamadas telefónicas que no son urgentes al otro día y no de manera inmediata. Después observe lo que ha sucedido. ¿Hubo algún resultado diferente? En caso contrario, ¡practique con más frecuencia la imperfección!

- **Divídalo en varios pasos.** Algunas veces las tareas parecen tan abrumadoras, que es difícil saber por dónde comenzar. Si ha notado que frecuentemente posterga las cosas porque no sabe por dónde empezar, piense en cada proyecto o tarea como una serie de pequeños pasos en vez de un todo abrumador. Por ejemplo, si debe comprar un nuevo seguro para auto, puede dividir en pasos la tarea de leer la publicidad de varias compañías aseguradoras y pedir presupuestos. Al hacer su itinerario, enumere los pasos en lugar de anotar todo el proyecto. Eso aumentará su productividad y, antes de darse cuenta, habrá completado la tarea en su totalidad.

- **No se angustie, actúe:** Si ha notado que pasa más tiempo angustiándose por la tarea que realizándola, a menudo es mejor dedicarse a ella. Notará que en cuanto haya empezado, la tarea no sólo avanza más rápidamente de lo que usted creía, sino que es menos desagradable de lo que esperaba. Recuerde que angustiarse solamente prolonga la ansiedad. Al comenzar de inmediato, será usted más productivo y pasará menos tiempo pensando en las tareas desagradables. Además, tendrá más tiempo para hacer lo que desea.

- **Piense cómo se sentirá al completar la tarea.** Si aún se le dificulta dedicarse a una tarea, imagine cómo se sentirá y lo que hará cuando la termine. ¿Qué cosas divertidas podrá hacer entonces? ¿Cómo afectará su nivel de ansiedad o estrés el concluirla? Si así lo requiere, enumere los pros y los contras de efectuarla hoy y no más tarde. Pero no pase mucho tiempo convenciéndose a sí mismo. ¡Recuerde que la mejor estrategia sigue siendo hacerlo de inmediato!

- **Mencione a todos cuál es su objetivo.** Comente sus intenciones. Dígaselo a su jefe, sus compañeros de habitación, su cónyuge, su amigo, a cualquier que lo escuche. Al hacerlo, no sólo aumentará su motivación para alcanzar su meta, sino que utilizará el apoyo y la asistencia de otras personas. Anime a otros a que le ayuden a hacer un seguimiento de su avance. Si se encuentra con un obstáculo, consulte con alguien más sobre alguna forma de alcanzar su meta. Y, lo más importante, ¡invite a otros a que celebren con usted cuando termine el proyecto!

Puntos esenciales

- Un mal uso del tiempo lleva a una mayor frustración, ansiedad y angustia. Se ha demostrado que la capacitación en el manejo del tiempo reduce esos sentimientos negativos, incluyendo la angustia.

- Muchas personas no se dan cuenta de cómo emplean su tiempo. Aumentar su percepción sobre cómo utilizarlo, es el primer paso para su mejor manejo.

- Planear y priorizar tareas de forma más efectiva, aumenta la productividad y disminuye la ansiedad y la angustia.

- La postergación es un problema común que puede vencer si analiza cuidadosamente el porqué posterga las cosas, e implementa estrategias que resuelven esas razones.

8. COMUNÍQUESE DE MANERA ASERTIVA

Como probablemente ya lo ha vivido, las exigencias de la vida no siempre son razonables o justas. Hay mucho por qué angustiarse en la vida; sin embargo, aceptar demasiada responsabilidad, ceder a las exigencias y no defender sus derechos, puede provocar mayor ansiedad y angustia. Una mala habilidad para comunicarse puede conducir a que evada las relaciones íntimas, afectaría su productividad en el trabajo y resultaría en un excesivo estrés y angustia. En este capítulo aprenderá a identificar los diferentes tipos de comunicación, cómo transmitir claramente sus sentimientos y necesidades a los demás y cómo rechazar las peticiones poco razonables.

Cómo afecta la comunicación a la angustia

Las personas que sufren de angustia crecen con la creencia de que las necesidades de los demás son más importantes que las propias. Tal vez haya usted aprendido que debe adaptarse a los otros, siempre que sea posible, que debe guardar las quejas para sí mismo o que nunca debe cuestionar la autoridad. Si bien esto le puede permitir pasar por la vida con pocos conflictos o desacuerdos con los demás, la desventaja es que a la larga le provoca un desgaste y puede llevarlo a sentirse disgustado, herido, resentido o inútil. Sólo podrá mantener tal tipo de conducta antes de que la frustración y la ansiedad lo lleven a explotar contra su cónyuge, su jefe o algún desconocido. Peor aún, puede guardarse esas frustraciones y descubrir que cargar con esos sentimientos no expresados deteriora, con el tiempo, su bienestar físico y mental. Afortunadamente, existe un punto medio entre explotar y rendirse. Se llama *aserción*.

La aserción consiste en expresar sus derechos personales mientras que, al mismo tiempo, respeta los derechos de otros (Lange y Jakubowski, 1976). Al aprender a comunicarse con seguridad, podrá reducir una mayor cantidad de estrés y angustia en sus relaciones con los demás. Sin embargo, para poder entender completamente la seguridad, necesita conocer primero los restantes tipos de comunicación.

- **Agresiva.** Las personas con un estilo de comunicación agresivo, a menudo ignoran las necesidades y los deseos de los demás, en favor de los propios. Pueden gritar, amenazar, acusar o criticar para salirse con la suya. Tienden a pasar sobre las personas de manera indiscriminada a fin de cumplir sus deseos. Este método funciona a veces, mientras que la gente pueda ceder a los comunicadores agresivos a fin de evitar una discusión o para evitar una desagradable interacción. Sin embargo, la desventaja es que este tipo de comunicación a menudo lleva a ser desagradable, temido o evadido.

- **Pasiva.** Por otro lado, los comunicadores pasivos harán cualquier cosa por evitar la confrontación o los desacuerdos. Siempre anteponen los deseos de los demás a los suyos y nunca se pronuncian a favor de sus derechos. Como permiten que la gente pase por encima de ellos, evitan los argumentos o la desaprobación. No obstante, rara vez alguien fracasa al expresar sus sentimientos sin sentirse, finalmente, molesto, frustrado, estresado o resentido.

- **Asertiva.** Los comunicadores seguros se sitúan entre los comunicadores agresivos y los pasivos, en un sitio ideal donde los derechos de los demás son respetados al igual que los propios. Estos comunicadores se pronuncian a favor de sus derechos y expresan sus sentimientos, mostrándose considerados y respetuosos con las personas. Las ventajas de comunicarse de esta manera son que no se aprovecharán de usted y que sus necesidades serán cubiertas sin alejar a la gente. La comunicación asertiva es el método más eficaz para interactuar con los demás.

Ejercicio: identifique los tipos de comunicación

Ahora que ha conocido las tres principales formas de comunicación entre las personas, observe si puede identificar el estilo de interacción en los siguientes tres escenarios:

1. María lleva esperando varios minutos en la fila de servicio al cliente. Cuando su número es mencionado, un hombre que acaba de entrar, se atraviesa frente a ella y se dirige a la ventanilla. María dice: "Señor, no sé si no se ha dado cuenta, pero hemos estado esperando de acuerdo con el orden en que vamos llegando y es mi turno. Los turnos se encuentran cerca de la puerta". ¿La respuesta de María es agresiva, pasiva o asertiva? ¿Por qué?

2. Roberto es un vendedor de copiadoras y su gerente de ventas acaba de pedirle que divida su territorio con un compañero de trabajo. Este intercambio haría que Roberto duplique su tiempo de traslados y que trabaje más para obtener tantos contactos como los que ya tenía en su actual territorio. Roberto sabe que esto le causará problemas en casa porque pasará menos tiempo con su esposa y sus hijos; sin embargo, siente que debería saber trabajar en equipo, por lo que responde: "Claro que sí, señor." ¿La actitud de Roberto es agresiva, pasiva o asertiva? ¿Por qué?

3. Michelle llega a casa después de un largo día de trabajo tan sólo para encontrarse con que su esposo no ha preparado la cena, tal como lo prometió. En vez de eso, lo encuentra viendo un juego de basquetbol en la televisión. Con enfado, grita: "¡Nunca haces nada aquí. Igual podría ser soltera. Así vamos a terminar en un divorcio!". ¿La conducta de Michelle es agresiva, pasiva o asertiva? ¿Por qué?

¿Qué tal lo hizo? ¿Pensó acaso que la conducta de María fue adecuadamente asertiva porque se pronunció a favor de sus derechos, respetando los derechos de los demás? ¿Cree que la respuesta de Roberto fue pasiva y que no expresó sus sentimientos? ¿Michelle reaccionó de manera agresiva a la situación, recurriendo a los gritos y amenazas para dejar claro su punto de vista? En caso afirmativo, ¡excelente! Está usted en el camino correcto. Comprender la diferencia entre estos tres tipos de respuestas es un gran paso para aprender a ser asertivo. Si así lo requiere, revise de nuevo las definiciones de comunicación agresiva, pasiva y asertiva antes de continuar.

Usted puede ser más asertivo

En esta sección, repasaremos los pasos de la comunicación de una manera más asertiva:

1. Definir la situación
2. Darse a entender
3. Proponer una solución
4. Resumir las consecuencias

Como usted podrá ver, a partir de estos pasos, la aserción —al igual que cualquier otra habilidad— se puede dividir en secciones. Los pasos necesitan practicarse para dominar la comunicación asertiva. Al principio puede parecer extraño comunicarse de manera más asertiva, pero con la práctica, se irá sintiendo más cómodo, expresándose y pronto notará un cambio positivo en sus relaciones y una reducción de la tensión y la angustia en su vida.

Primer paso: definir la situación

De acuerdo con Bower y el libro de Coger, *Asserting Yourself* (1991), el primer paso para aprender a comunicarse de manera más asertiva es definir la situación o las situaciones en las que le resulta difícil ser asertivo. Sea lo más específico posible. Incluya el nombre de quien está involucrado, cuándo ocurre esto por lo general y lo que, probablemente, sucederá. Asimismo, incluya cómo responde usted generalmente y qué le gustaría que ocurriera de manera diferente en el futuro (meta asertiva).

Por ejemplo, a Shannon, madre soltera, se le dificulta ser asertiva en el siguiente escenario: por la noche, después de cenar (cuándo), a la hora en que su hijo adolescente (quién) debía hacer su tarea, ella solía encontrarlo en su habitación viendo televisión o jugando videojuegos (qué). Shannon le recordaba su tarea y, si no respondía, bajaba las escaleras hacia la cocina y se sentía triste, impotente y preocupada por las calificaciones de su hijo (respuesta). Este patrón se repetía varias veces cada noche. A Shannon le gustaría que su hijo respondiera a su pregunta de inmediato o que hiciera su tarea sin que se le pidiera hacerlo (meta asertiva).

Segundo paso: darse a entender

El siguiente paso para aprender a comunicarse de manera asertiva es expresar cómo lo hace sentir una situación o la conducta de otra persona. Recuerde utilizar siempre afirmaciones con la palabra *yo* al expresar sus sentimientos y así no culpar a la otra persona. Las afirmaciones con la palabra *yo* le permiten manifestar cómo se siente por una conducta o una situación, sin acusar a otra persona. Por ejemplo, Shannon podría decirle a su hijo: "Cuando no respondes a mis peticiones, siento que no me respetas". O también, "Me haces sentir triste cuando no me escuchas". ¿Cuál de esas afirmaciones cree usted que hacen un uso adecuado de la palabra *yo*? ¡Correcto! La primera incluye los sentimientos de Shannon sobre la situación; sin embargo, no le transmite a su hijo la responsabilidad por sus sentimientos.

Tercer paso: proponer una solución

A continuación, proponga una posible solución a la situación. Prepárese para poner en marcha la solución que le gustaría que ocurriera. Sea específico y preciso en su petición. Si es posible, intente transmitir su solución preferida como una petición firme, mas no como una orden. Por ejemplo, Shannon podría decirle a su hijo: "A partir de ahora, me gustaría que hicieras tu tarea antes de la cena y antes de ver cualquier programa de televisión o de jugar cualquier videojuego. Sólo te lo recordaré una vez cada noche".

Cuarto paso: resumir las consecuencias

Una vez que usted haya propuesto una posible solución, podrá resumir las consecuencias de este nuevo acuerdo, comenzando por las consecuencias positivas. Por ejemplo, Shannon podría decir: "Esto nos haría sentirnos satisfechos. Estaré contenta al saber que tu tarea está hecha. Tú tendrás tiempo libre después de la cena para lo que quieras y yo dejaré de molestarte para que hagas tus tareas". Si eso no funciona para mostrar los resultados positivos de la petición, sería adecuado fijar límites o imponer consecuencias negativas. Por ejemplo, si el hijo de Shannon no está de acuerdo ni se adapta a este nuevo arreglo, ella tal vez necesite enumerar las consecuencias negativas de su conducta. Pudiera decir: "Si no terminas tu tarea antes de la cena o si tengo que recordarte más de una vez que la hagas, me llevaré tu televisión y tus juegos esa noche".

Ejercicio: ponga en práctica la comunicación asertiva

Recuerde los pasos: definir, expresarse, proponer y resumir. ¿Ya los anotó? Ahora piense en alguna situación en la que le costó trabajo ser asertivo. Saque su libreta y anote un relato detallado de esa situación. Asegúrese de ser específico y de incluir a la persona involucrada, qué sucede y cuándo, cómo lo enfrenta comúnmente y qué le gustaría que fuera diferente, o que fuera su objetivo. Una vez que haya descrito la situación, analice los siguientes pasos: ¿cómo expresaría usted sus sentimientos de una manera no acusatoria para la persona o personas involucradas y utilizando afirmaciones con la palabra *yo*?, ¿qué solución propondría? ¿Cuáles son los posibles resultados positivos de esta solución y, si es necesario, cuáles serían las consecuencias de no estar de acuerdo con la solución?

Ahora repita este ejercicio para, al menos, cinco situaciones en las cuales se le dificulte expresar sus sentimientos o decir *no*, o en las que siente que otros se aprovechan de usted.

Si surgen los problemas

Si piensa que esto suena demasiado bueno para ser verdad, tiene razón. Los demás no siempre responderán positivamente a sus peticiones asertivas y usted no siempre tendrá tiempo para analizar detenidamente una situación antes de responder. Con la práctica, sin embargo, el ser asertivo será algo natural y responderá rápida y fácilmente. Pero hasta entonces, éstos son algunos consejos para enfrentar situaciones y personas difíciles.

Si usted es puesto en una situación difícil

¿Qué sucede si es sorprendido fuera de guardia o está demasiado consternado para responder de manera asertiva en ese momento? Recuerde que no responder de inmediato no es lo mismo que no responder en absoluto. A veces, la mejor acción es posponer la respuesta hasta pensarlo bien y responder asertivamente. Recuerde, tiene derecho a no responder de inmediato. Contestar demasiado pronto puede hacerlo aceptar cosas que realmente no desea hacer o dar una respuesta de la que más tarde se arrepentirá. En esta situación, si dice: "necesito pensarlo antes de comprometerme", o "realmente no me siento capaz de discutir esto en este momento", puede comprar más tiempo para formular su respuesta asertiva.

Cómo tratar con un comunicador agresivo

¿Qué hace usted cuando alguien simplemente no está respetando las reglas de la comunicación asertiva? Es muy probable que se enfrente a esa situación tarde o temprano. Tal vez las personas respondan a sus peticiones con sarcasmo, desdén u hostilidad. Por más difícil que parezca, no se deje atrapar por esta negatividad ni tome esas respuestas de manera personal. Recuerde que se necesitan por lo menos dos personas para discutir y que nadie puede obligarlo a aceptar algo que realmente no desea hacer.

Una manera de solucionar esa situación es tratar de encontrar un punto de acuerdo con la otra persona. Aun cuando alguien se esté comunicando de manera agresiva, existe, por lo general, algo de verdad en lo que dice. Puede resultarle útil tomar ese algo de verdad y reconocerla.

Por ejemplo, veamos el caso de Michelle que mencionamos anteriormente y quien le dijo a su esposo: "¡Nunca haces nada aquí!". Él podría fácilmente responder: "Gano más dinero que tú" o "¿Cómo puedes saberlo? De todos modos, nunca estás aquí"; sin embargo, es una respuesta agresiva y probablemente llevaría a un mayor argumento. ¿Cómo podría el esposo de Michelle escuchar su comentario, encontrar algo de verdad en él y evitar un mayor conflicto? Podría responder: "Es cierto que no preparé la cena, tal como dije, así que puedo entender por qué te sientes molesta; pero sí contribuyo en la casa de muchas maneras".

Cuando alguien simplemente no escucha

Aunque suene absurdo, si alguien no escucha su petición, a veces la mejor estrategia es simplemente repetir su opinión hasta que lo haga. A esto se le conoce como la técnica del *récord superado*. Al repetir su aseveración, le estará haciendo saber a la otra persona que no puede ser apabullado y que no servirá de nada discutir. Por ejemplo, si su supervisor le pide trabajar un fin de semana que ya había solicitado, ¿cuál sería una buena respuesta de *récord superado*? A manera de práctica, vea si puede pensar en algunas respuestas efectivas y anótelas en su libreta.

Cuando interfiere el enfado

Cuando parece que el enfado o la emoción se han apoderado de la conversación y confunden el mensaje, puede servirle retardar la situación utilizando la técnica de la dilación descrita anteriormente. Asimismo, puede elegir resaltar el hecho de que la discusión se ha salido de control y aclarar el tema. Por ejemplo, puede decir algo como: "Pareces estar muy enojado ahora. ¿Me puedes decir por qué te molesta tanto mi petición?". O si ya sabe por qué la persona está tan molesta, puede elegir entre mostrar empatía o reflejarle sus sentimientos. Por ejemplo, el esposo de Michelle podría haber dicho algo como: "Sé lo mucho que trabajas y puedo entender por qué te enfadaste tanto por no haber preparado la cena, tal como lo prometí". Esto demuestra que se comprenden y respetan los sentimientos de la otra persona, elemento crucial para tratar de una manera más eficaz con las personas.

Cuando las necesidades son incompatibles

¿Qué sucede si alguien no está siendo irracional, pero sus necesidades están en conflicto con las suyas? Es muy probable que se enfrente a este tipo de situaciones puesto que todo el mundo tiene distintas necesidades. En este caso, sería mejor conocer la discrepancia, escuchar las necesidades de la otra persona y tratar de entrever alguna especie de compromiso.

Puntos esenciales

- Una mala comunicación puede entorpecer las relaciones y aumentar la ansiedad y la angustia. Al mejorar su estilo de comunicación puede mejorar sus relaciones y disminuir, como resultado, su angustia.
- Existen tres tipos principales de comunicación: agresiva, pasiva y asertiva.
- Los comunicadores asertivos respetan los derechos de los demás mientras que, al mismo tiempo, cubren sus necesidades personales.
- Los cuatro pasos para una comunicación asertiva son definir el problema, expresar sus sentimientos, proponer una solución y resumir las consecuencias.
- Se requiere de práctica para sentirse a gusto con la comunicación asertiva. Con tiempo y esfuerzo, se convierte en algo natural.

9. ENFRENTE SUS ANGUSTIAS

¿Cuántas veces le han dicho: "No te preocupes, todo estará bien" o "deja de preocuparte, sólo piensa de manera positiva"? Al igual que la mayoría de las personas que sufren de angustia, probablemente lo haya escuchado más veces de las que puede contar. Ciertamente parece un buen consejo. Si la preocupación por algo lo está molestando, entonces tiene sentido dejar de pensar en ello. Entonces, ¿por qué no funciona?

Por qué resulta perjudicial la evasión

Existen varias razones por las que la evasión no funciona, especialmente con la angustia. La primera, ¿qué sucede cuando trata de no pensar en algo? ¿No está seguro? Intente este experimento: durante un minuto completo intente no pensar en nada; elija cualquier objeto que desee, una jirafa, un globo de color rojo. Simplemente, cualquier cosa que haga, ¡no piense en eso! Adelante, inténtelo.

¿Logró hacerlo? Si no es usted como la mayoría de la gente, probablemente no lo haya logrado. Incluso tal vez parecía que, mientras más trataba de no pensar en eso, más surgía en su mente. De hecho, algunos estudios científicos han descubierto lo mismo: mientras más tratamos de suprimir los pensamientos, más ocurren (Wegman, 1994). Y aun cuando las personas son exitosas, se les dificulta mucho mantener este nivel de concentración durante mucho tiempo. ¡Resulta agotador!

Sin embargo, aunque lograra hacerlo, existen otras dificultades al tratar de evitar los pensamientos que lo angustian o atemorizan. Si bien es una característica humana querer evitar las cosas desagradables o incómodas, en realidad el hacerlo aumenta nuestros temores. Esto se debe a que, al evitar los pensamientos que le molestan, los reconoce usted como una verdadera amenaza o peligro y como algo que debe evitarse a toda costa. Esto deteriora la confianza en su propia habilidad para tolerar tales pensamientos y para manejar su ansiedad lo que, a su vez, hace que los pensamientos sean más poderosos y atemorizantes.

Al evadir los pensamientos o los temores usted aprende también que, en realidad, podría enfrentar esos pensamientos y que nada malo pasaría si los enfrentara. De igual manera, mientras más evite ahora ciertas angustias o situaciones, más probabilidades habrán de que las evite en el futuro, provocando así un círculo vicioso de ansiedad y evasión.

Tal vez ya haya usted adivinado hacia dónde lleva todo esto y probablemente le suene desagradable. En caso afirmativo, no está solo. Casi todas las personas son escépticas al escuchar que una buena manera de tener menos preocupaciones es preocuparse más a propósito. Sin embargo, es cierto que si enfrenta usted sus más temidos pensamientos, estará dando un gran paso para vencer la angustia. Algunos investigadores han descubierto que el tratamiento conductual cognitivo —que incluye la exposición a los pensamientos y a las imágenes preocupantes— produce una significativa disminución en la ansiedad, la angustia y los síntomas físicos (Ladouceur, Dugas y otros, 2000). La confrontación directa con sus angustias exponiéndose a ellas de manera deliberada, se conoce como *exposición a la angustia*.

¡Pero si ya me angustio todo el tiempo!

Nuestros pacientes se cuidan de exponerse a la angustia porque les parece que constantemente están angustiados. Sin embargo, si piensa en sus patrones de angustia, podrá darse cuenta de que, al igual que la mayoría de las personas que sufren de angustia, rara vez se concentra en una sola a la vez. Para esas personas es algo común pasar de una angustia a la otra. A este proceso se le llama *encadenamiento*, y a menudo sucede tan pronto, que no hay tiempo para evaluar las angustias de manera objetiva e individual (Zinbarg, Craske y Barlow, 1993). Por lo general, el resultado es un escalamiento de la ansiedad con cada uno de los pensamientos.

Por ejemplo, Paula, una activa madre de cuatro niños, con frecuencia se encuentra preocupada por la cantidad de tiempo que dedica a ayudarles con sus tareas escolares. Con todas sus responsabilidades domésticas, le resultaba muy difícil encontrar el tiempo suficiente para dedicarse a cada uno de ellos, tal y como debía ser. A pesar del hecho de que todos iban bien en la escuela, a Paula le angustiaba que, por no supervisarlos lo suficiente, sus calificaciones se vieran afectadas. Por las noches permanecía despierta en la cama, pensando cómo unas malas calificaciones harían que sus hijos fueran rechazados de buenas universidades, cómo afectaría esto su autoestima y cómo nunca aprovecharían su verdadero potencial. Paula predecía entonces su expulsión de la universidad, sus empleos estancados y sus malas relaciones, siendo llevados a una vida de infelicidad. Conforme esa cadena de angustias se acumulaba en su mente, descubrió que su ansiedad aumentaba, dificultándole conciliar el sueño al imaginarse un futuro miserable para sus hijos.

En parte, la razón de que la ansiedad de Paula aumentara conforme aumentaba su angustia, era que no se enfocaba en una angustia el tiempo suficiente para evaluarla de manera objetiva. Si se concentrara en un solo pensamiento, como el de "mis hijos obtendrán malas calificaciones porque no les ayudo lo suficiente con sus tareas", podría analizar la evidencia en contra de esa idea. Por ejemplo, una evidencia en contra de ese pensamiento era el hecho de que sus hijos estaban obteniendo buenas calificaciones con su actual nivel de participación.

La magia de la habituación

Otra de las ventajas de concentrarse en una idea es que mientras más tiempo permanezca enfocado en ella, menos tiempo le causa molestia. A este proceso se le llama *habituación*. Los estudios demuestran que si se expone continuamente a una idea o una situación, su ansiedad disminuye con el tiempo (Foa y Kozak, 1986). Si se distrae de una idea o evade una angustia en particular, estará interfiriendo con el proceso de la habituación y, por lo tanto, conservará la ansiedad. Si aprende a enfocarse en una angustia a la vez de manera intencional, aferrándose a la angustia en vez de distraerse, disminuirá su ansiedad como respuesta a esa idea.

¿Por qué exponerse a la angustia?

Existen varias razones del porqué exponerse voluntariamente a sus angustias puede resultar provechoso:
• Si se enfrenta a ellas podrá poner en práctica las habilidades que ha aprendido, como las técnicas de relajación o los desafíos cognitivos al pensamiento distorsionado.

- La angustia intencional le permite enfocarse en una idea a la vez, de tal manera que pueda habituarse a una angustia en particular.
- Puesto que la exposición a la angustia disminuye la ansiedad como respuesta a una idea específica, se sentirá menos temeroso cuando esas mismas ideas surjan repentinamente.
- Evitar los pensamientos o utilizar técnicas como la distracción, conserva el temor y puede incluso provocar mayor ansiedad y angustia. Si se enfrenta directamente a sus angustias, interrumpirá ese ciclo negativo.

Cómo enfrentar sus angustias

Enfrentar de manera eficaz sus angustias implica enfrentar sistemática y repetidamente los pensamientos y las imágenes asociadas con las angustias específicas. He aquí los pasos pertinentes, incluidos en la exposición a la angustia (Lang 2004; Brown, O'Leary y Barlow, 2001):

1. Elabore una lista de sus angustias.
2. Colóquelas en orden de importancia o de acuerdo con la cantidad de angustia que provocan.
3. Ponga en práctica sus habilidades de imaginación.
4. Elija una angustia en la cual enfocarse durante un largo rato.
5. Aplique las habilidades de control de la ansiedad que aprendió en los capítulos anteriores.

Primer paso: enumerar sus angustias

Vuelva a su libreta y revise el automonitoreo que llevó a cabo anteriormente. ¿Qué angustias identifica? ¿Le preocupa su familia, su salud o su empleo? Si no ha llevado a cabo ningún automonitoreo, saque su libreta ahora y enumere sus angustias más comunes. Sea lo más específico posible. Si se le dificulta hacerlo, siga las instrucciones del capítulo 1 que le explican cómo monitorear y llevar un registro de sus angustias. Tal vez necesite algunos días para dedicarse a esta tarea antes de pasar al siguiente paso.

Segundo paso: crear una jerarquía

Ahora tome su lista de angustias y piense en cuánta ansiedad le provoca cada una. Utilizando una escala del 1 al 10, siendo el 10 el mayor grado de ansiedad y 1 el mínimo, decida cuánta ansiedad le produce cada angustia. A algunas personas se les dificulta clasificar su ansiedad, así que no se preocupe por la exactitud de su clasificación. Hágalo lo mejor posible. Siempre podrá revisar sus clasificaciones más tarde si es necesario.

En su libreta, enumere nuevamente sus angustias de mayor a menor nivel de ansiedad. Como un ejemplo, la clasificación de la angustia de Paula se vería así:

Angustia	Nivel de ansiedad
Mis hijos tendrán una vida infeliz.	10
Mi esposo sufrirá un accidente automovilístico.	9
Mis hijos serán expulsados de la universidad.	8
Padeceré una enfermedad de la que no sé nada aún.	8
No paso suficiente tiempo con mis hijos.	6
Mi jefe notará el error que cometí ayer.	5
Las cuentas no se pagarán a tiempo.	5
Nunca terminaré mis quehaceres en la casa.	4
Llegaré tarde al trabajo.	4

Tercer paso: practicar su imaginación

Imaginar y mantener una idea en su cabeza durante mucho tiempo puede ser difícil, especialmente si ese pensamiento provoca ansiedad. Al igual que con otra habilidad, puede requerir de tiempo y práctica para dominarla. A muchas personas les resulta más fácil practicar su imaginación con escenas agradables o neutrales antes de pasar a los escenarios angustiosos. Si se le dificulta visualizar la imagen o mantenerla en su mente, repase el capítulo 3 y revise las instrucciones para la imaginación guiada. Practique primero con una escena placentera antes de exponerse a sus ideas e imágenes angustiosas.

Cuarto paso: elegir una angustia y enfrentarla

Después de clasificar sus angustias y de perfeccionar sus habilidades de visualización, es momento de elegir la angustia a la cual enfrentarse. Para comenzar, elija una que le produzca una mínima ansiedad. Anote entonces la peor consecuencia lo más detalladamente posible. Paula comenzaría con la angustia de llegar tarde al trabajo ya que es la de menor rango en su lista. Después pensaría en las temidas consecuencias de llegar tarde y las anotaría detalladamente. Su escenario angustioso sería más o menos así:

"Llego tarde al trabajo y todo el mundo se da cuenta cuando entro por la puerta. Mi jefe está de pie junto a mi escritorio hablando con un compañero de trabajo y veo cómo observa su reloj al verme pasar junto a él. Puedo decir que no está contento. Me llama a su oficina más tarde y me dice que no puede tolerar tal tipo de conducta y que no es justo para los otros empleados. Me dice que tengo hasta el final del día para desocupar mi escritorio. No dispongo de tiempo para encontrar otro empleo y no podemos pagar las cuentas. Tenemos que mudarnos a otra casa y apenas nos alcanza para comprar lo necesario para vivir".

Después de escribir este escenario, Paula se lo imagina lo más vívidamente posible. A algunas personas les parece más fácil hacerlo si lo graban en una cinta. De esa manera, puede usted cerrar sus ojos y enfocarse realmente en las imágenes. Los pensamientos y las imágenes deben mantenerse durante aproximadamente 20 o 30 minutos. Concéntrese en ellos como si la escena estuviera realmente sucediendo. Es normal que la ansiedad aumente durante esta parte del ejercicio, pero debe ir disminuyendo conforme aumenta el tiempo de exposición. Asegúrese de anotar en su libreta su nivel de ansiedad, tanto al inicio de la exposición como al final, utilizando una escala del 1 al 10.

Paso cinco: aplicar sus estrategias para el control de la ansiedad

Después de exponerse durante 20 o 30 minutos, aplique sus técnicas de control de la ansiedad. Por ejemplo, Paula podría identificar los errores cognitivos en su angustia de ser despedida de su empleo por llegar tarde, enumerar la evidencia que existe contra esa convicción o encontrar otras posibilidades más factibles. Las técnicas de relajación tales como la respiración diafragmática pudieran ser aplicadas también en este punto. En su libreta vuelva a clasificar su angustia después de utilizar sus nuevas habilidades.

Qué se debe esperar durante la exposición a la angustia

El efecto total de la exposición a la angustia será una disminución de la ansiedad; sin embargo, al principio, tal vez, sienta que su ansiedad es más alta de lo normal. Es de esperarse y, de hecho, para que el ejercicio sea efectivo, su ansiedad necesita ser, al menos, de moderada intensidad durante el periodo de exposición. Al final de cada tiempo de exposición podrá observar una disminución en el nivel de ansiedad, partiendo del nivel máximo ese día. Conforme repita la misma exposición a la angustia, cada día observará una disminución en sus primeras clasificaciones. Algunas personas pueden notar también que la ansiedad disminuye más rápido mientras más veces repiten el ejercicio. Recuerde que está desarrollando su resistencia y trabajando duro para aumentar la tolerancia a los pensamientos angustiosos; por lo tanto, es normal sentirse física o mentalmente agotado. Conforme se enfrente a sus angustias, será frecuente que se sienta temporalmente más ansioso; pero, si continúa, pronto podrá ver resultados positivos y una ansiedad reducida.

Consejos para una exposición más eficaz

Si se le dificulta el ejercicio de exposición o si siente que su ansiedad no disminuye, tal vez encuentre útiles las siguientes estrategias:

- Haga su escenario angustioso lo más vívido y específico posible. Incluya detalles sobre los sonidos, olores, imágenes, pensamientos y sentimientos. Escriba en primera persona y en tiempo presente, como si le estuviera sucediendo en este momento.

- Concéntrese únicamente en la actual angustia y mantenga en su mente esas imágenes, sin pasar a otras angustias o a otros temas. Recuerde que si se enfoca en más de una angustia a la vez, interferirá en la reducción de su ansiedad.

- ¡Asegúrese de adherirse a esa angustia! Algunas veces, las personas se sienten tentadas a abandonar la exposición antes de tiempo, ya que la ansiedad puede ser desagradable. Con frecuencia abandonan el ejercicio en el nivel más alto de ansiedad, justo en el momento en que comenzará a disminuir. Mantenga la imagen durante al menos 30 minutos antes de detenerse. Se siente como si la ansiedad nunca fuese a terminar. ¡Permanezca ahí, ésta disminuirá con el tiempo!

- Practique diariamente la exposición. Si lo hace de manera esporádica, no funcionará y probablemente mantenga los mismos niveles altos de ansiedad. ¡Haga que sus esfuerzos cuenten! Hágala de manera regular.

- Si percibe que su ansiedad no disminuye, observe cuidadosamente si existe alguna evasión sutil, conducta evasiva o distracción en las cuales se esté enfocando. Puede ser reflexivo utilizar este tipo de estrategias; pero recuerde que sólo funcionan a corto plazo. A la larga, terminan por preservar su ansiedad.

- Asegúrese de abstenerse de emplear sus habilidades para el control de la ansiedad después de que los 20 o 30 minutos de exposición hayan terminado. No se reconforte a sí mismo durante la exposición ni intente tranquilizarse. La ansiedad disminuirá por sí sola.

- Utilice sus habilidades de relajación y ponga a prueba sus distorsiones cognitivas luego de la exposición. Si tiene dificultades para crear resultados alternos o evidencia en contra del pensamiento angustioso, pídale a un amigo, familiar o a su terapeuta que le ayuden a pensar en algunos. O mejor aún, antes de hacer el ejercicio de exposición, intente buscar algunas alternativas que puede usar después de haber completado la exposición.

Una vez que haya practicado con éxito el ejercicio de exposición con una de sus angustias y ya no le cause ansiedad, es momento de avanzar en su jerarquía. Cuando su ansiedad, en respuesta a la primera angustia que eligió, haya disminuido al mínimo nivel, comience a trabajar en la siguiente angustia de su lista. Emplee los pasos anteriores para exponerse a esta nueva angustia hasta que ya no le provoque ninguna ansiedad. Continúe avanzando en su lista de jerarquía hasta que haya enfrentado todas sus angustias.

Puntos esenciales

*   Evitar las angustias o tratar de no pensar en ellas puede, en realidad, resultar en una mayor angustia y ansiedad.
*   Las personas que las sufren tienden a vincular varias de ellas, lo cual lleva a elevar el nivel de ansiedad.
*   La exposición a la angustia incluye escenarios de clasificación basados en la ansiedad que producen y, entonces, elegir un escenario angustioso específico al cual enfrentarse.
*   Enfrentarse a una angustia a la vez permite evaluar la temida consecuencia.
*   Aferrarse a la angustia el tiempo suficiente resulta en una disminución de la ansiedad o en una habituación.
*   La exposición también ofrece la posibilidad de poner en práctica la aplicación de las habilidades para el control de la ansiedad tales como la relajación o poner a prueba las distorsiones cognitivas.

10. CONOZCA SUS MEDICAMENTOS

Si ha encendido la televisión o abierto una revista últimamente, sin duda habrá escuchado hablar sobre la infinidad de medicamentos disponibles hoy en día para tratar la ansiedad y la angustia. De hecho, existen tantas opciones que resulta abrumador. Puesto que puede ser difícil decidir si se deben tomar medicamentos, es importante contar con la información adecuada que le ayude a escoger la mejor decisión. Este capítulo ofrece una visión básica de los medicamentos que se encuentran disponibles para tratar la ansiedad. Fue pensado para ayudarle a comentar con su médico las opciones de medicamentos y decidir si la medicación es adecuada para usted.

No todas las personas que sufren de angustia crónica necesitan medicamentos ni desean tomarlos. Afortunadamente, existen otras alternativas, además de la medicación, para tratar la ansiedad y la angustia, muchas de las cuales ya hemos visto en capítulos anteriores. En nuestra práctica, hemos descubierto que algunas personas que sufren de ansiedad se benefician de la medicación, además de los métodos conductuales cognitivos descritos en este libro, mientras que otros se sienten bien únicamente con las estrategias conductuales cognitivas. De cualquier manera, es una buena idea conocer las opciones y tomar en cuenta las ventajas y desventajas de recurrir a medicamentos, de tal manera que pueda tomar una decisión informada.

Las ventajas y desventajas de la medicación

Existen ventajas definitivas en tomar medicamentos para tratar su ansiedad y angustia. Comparado con algunos ejercicios conductuales cognitivos descritos en capítulos anteriores, la medicación requiere de poco esfuerzo y puede producir resultados relativamente rápidos. Esto resultará atractivo, especialmente para quienes se sienten abrumados por su ansiedad o si se les dificulta encontrar el tiempo suficiente para poner en práctica las habilidades conductuales cognitivas. Los fármacos tienen mucha disponibilidad y pueden ser prescritos por cualquier médico y no sólo por aquellos que se especializan en la ansiedad. Buscar a un terapeuta especializado en el tratamiento conductual cognitivo de la ansiedad puede resultar más desafiante que encontrar a un médico que le prescriba los medicamentos, especialmente fuera de las áreas más pobladas. Económicamente, la medicación suele ser más barata en el corto plazo que una terapia, especialmente si cuenta usted con un seguro.

Por supuesto que existen claras desventajas al utilizar solamente la medicación. Por ejemplo, tomar medicamentos quizá alivie sus síntomas de ansiedad hasta cierto grado, pero éstos no le enseñan nuevas habilidades para el control de la ansiedad. Sin nuevas habilidades para cambiar su conducta y sus pensamientos negativos, la reducción de los síntomas puede ser solamente temporal y será vulnerable a las recaídas cuando deje de tomarlos. Otras de las desventajas de los medicamentos incluyen los efectos secundarios y sus interacciones con el alcohol o con otros fármacos. También es posible que estos influyan negativamente en las condiciones médicas. Es importante que discuta estos problemas con su médico, si es que decide tomarlos.

Los medicamentos para tratar la ansiedad y la angustia

Varios han sido aprobados por la Dirección de Alimentos y Medicamentos de los Estados Unidos (FDA, U.S. Food and Drug Administration) para el tratamiento generalizado del trastorno de ansiedad, siendo su característica principal la angustia crónica (Goodman 2004; Albrant, 1998). Estos fármacos están enumerados en la siguiente tabla (explicaremos sus diferentes tipos más adelante, en este capítulo). También existen otros que se utilizan en el tratamiento de la ansiedad y la angustia y que, asimismo, han probado ser eficaces. Si está usted considerando la idea de intentar la medicación para ayudarse a dominar su ansiedad, deberá discutir esas opciones con su médico.

Medicamentos aprobados por la FDA para el trastorno generalizado de la ansiedad

Medicamento (tipo)	Dosis inicial (mg/día)	Promedio diario (mg/día)
Venlafaxina (SNRI)	37.5	75-300
Escitalopram (SSRI)	10	10-20
Paroxetine (SSRI)	10	10-50
Alprazolam (benzodiasepina)	12-10	
Lorazepam (benzodiasepina)	.75	3-10
Diazepam (benzodiasepina)	44-40	
Buspirone (azapirona)	15	15-60

Es importante señalar que las dosis iniciales recomendadas y los promedios de dosificación se basan en las respuestas promedio de grupos numerosos de personas en estudios de investigación. Hay ciertas razones del porqué una dosis por encima o por debajo de la dosis inicial común o del promedio de dosificación se puede ajustar a su caso en particular. Por ejemplo, algunos factores, como las influencias hormonales, el metabolismo y enfermedades del hígado o del riñón, pueden señalar un requerimiento de dosis diferente.

Si tiene alguna duda, su médico podrá ayudarle a entender por qué un medicamento o una dosis en particular han sido prescritos para usted.

Antidepresivos

A pesar de su nombre, los antidepresivos se utilizan realmente para diferentes problemas, además de la depresión, incluyendo la ansiedad y la angustia. Entre los diferentes tipos de antidepresivos, los inhibidores de serotonina selectivos (SSRI) se consideran el tratamiento principal para el trastorno generalizado de la ansiedad (Goodman, 2004). Otras categorías de antidepresivos, como los inhibidores de serotonina-norepinefrina (SNRI) también han probado su eficacia para tratar la ansiedad (Rickels y otros, 2000; Sheehan, 2001). Tanto los SSRI como los SNRI pueden requerir de algún tiempo, generalmente de dos a cuatro semanas, para comenzar a hacer efecto. Por lo general, son bien tolerados; sin embargo, pueden causar efectos secundarios, particularmente durante el inicio del tratamiento. Uno de los efectos secundarios importantes y que usted debe observar cuidadosamente, es que los antidepresivos pueden aumentar la sensación de ansiedad durante las primeras dos semanas. Si comienza a tomar un antidepresivo, será mejor si considera tal posibilidad. La reducción del estrés y un apoyo adicional resultarán especialmente benéficos durante esta fase.

Kevin L. Gyoerkoe y Pamela S. Wiegartz

Inhibidores de serotonina selectivos (SSRI)

Entre los SSRI, la paroxetina (Paxil) y el escitalopram (Lexapro) han sido aprobados por la FDA para el tratamiento del trastorno generalizado de la ansiedad (Bielski, Bose y Chang, 2005). Otros SSRI, como la sertralina (Zoloft), la fluoxetina (Prozac) y la fluvoxamina (Luvox), también han probado su efectividad en los pacientes que sufren de ansiedad (Albrant, 1998). Estos fármacos trabajan afectando los niveles de serotonina neurotransmisora en el cerebro. Los efectos secundarios pueden variar, pero incluyen náusea, insomnio, dolor de cabeza, fatiga y problemas sexuales, tales como una disminución de la libido y dificultad para alcanzar el orgasmo.

Inhibidores de serotonina-norepinefrina (SNRI)

El antidepresivo venlafaxine (Effexor) ha probado su eficacia en el tratamiento de la ansiedad (Sheehan, 2001) y la FDA lo ha aprobado para el tratamiento del trastorno generalizado de la ansiedad. Este fármaco afecta los niveles de dos neurotransmisores: la serotonina y la norepinefrina. Los efectos secundarios pueden incluir náusea, somnolencia y problemas sexuales. Existe también riesgo de elevación de la presión arterial en algunos pacientes, especialmente si se administran en grandes dosis, de tal manera que debe ser controlado.

Medicamentos antiansiolíticos

Entre los antiansiolíticos se encuentran dos tipos que han probado su eficacia en el tratamiento de la ansiedad y la angustia, benzodiasepinas y azapironas. Son generalmente útiles para tratar los síntomas somáticos o físicos de la ansiedad; sin embargo, son menos eficaces en el tratamiento del componente cognitivo de la angustia.

Benzodiasepinas

Los medicamentos antiansiolíticos, o ansiolíticos, mejor conocidos se encuentran dentro de la familia de la benzodiasepina. Las benzodiasepinas incluyen fármacos como alprazolam (Xanax), lorazepam (Ativan), clonazepam (Klonopin) y diazepam (Valium), todos aprobados por la FDA para el tratamiento del trastorno generalizado de la ansiedad. Debido a que son de rápido efecto, se utilizan generalmente cuando se requiere de una inmediata reducción de los síntomas de ansiedad (Sheehan, 2001). Se utilizan más al inicio del proceso para aliviar la angustia crónica o mientras se espera a que otro medicamento, como un SSRI, haga efecto. Sin embargo, pueden no ser adecuados para un tratamiento de largo plazo (Pollack, 2001).

Los efectos secundarios más comunes incluyen confusión o disparidad cognitiva, sedación, mareo y disparidad motora. No deben utilizarse con alcohol pues los efectos secundarios pueden aumentar o resultar peligrosos. Si bien muchas personas los toman sin sufrir ningún incidente, existe la posibilidad de una mala dosificación, abuso o adicción, de tal manera que se deben seguir al pie de la letra las instrucciones de dosificación. Asimismo, al descontinuar el uso de las benzodiasepinas, éstas deberán ser eliminadas de forma gradual y su médico deberá llevar un cuidadoso control, ya que pueden surgir síntomas de abstención, especialmente si el medicamento ha sido tomado en grandes dosis por un largo periodo.

Azapironas

La buspirona (BuSpar) es la azapirona aprobada por la FDA para el tratamiento del trastorno generalizado de la ansiedad (Goodman, 2004). Las propiedades antiansiolíticas de la buspirona parecen provenir de su efecto en ciertos receptores de la serotonina neurotransmisora. Se parece a los SSRI en que pueden tardar de dos a cuatro semanas en mostrar un efecto. Los efectos secundarios más comunes incluyen mareo, aprehensión, jaqueca, náusea y nerviosismo. Para que tenga efecto, la buspirona debe tomarse dos o tres veces al día, lo cual puede ser difícil de tolerar por algunos pacientes.

Otras opciones de medicación

Además de los medicamentos mencionados anteriormente, existen otros antidepresivos y antiansiolíticos, y algunos más tipos de fármacos que pueden resultar eficaces para el tratamiento de la ansiedad y la angustia. Aún no han sido aprobados por la FDA, pero puede discutirlos con su médico y decidir si son adecuados para usted.

Hidroxisina

La hidroxisina (Atarax) es un antihistamínico que ha probado tener cierta eficacia en el tratamiento del trastorno generalizado de la ansiedad (Llorca y otros, 2002). Ahora bien, para observar sus efectos terapéuticos puede pasar tanto tiempo como con los SSRI o incluso más. El mecanismo encontrado en sus propiedades antiansiolíticas no es muy claro, pero pudiera estar relacionado con sus efectos sedativos.

Pragabilina

La pragabilina (Lyrica) también ha demostrado tener propiedades ansiolíticas y cierta eficacia en el tratamiento del trastorno generalizado de la ansiedad (Pohl y otros 2005; Rickels y otros, 2005). Actualmente está siendo evaluada por la FDA para su aprobación. Trabaja inhibiendo la liberación de una excesiva cantidad de neurotransmisores estimulantes a través de los canales de calcio localizados en el sistema nervioso central. La pregabalina es bien tolerada por la mayoría de los pacientes y requiere de por lo menos dos dosis al día.

Los remedios herbarios

Las alternativas a los medicamentos resultan atractivas para muchos de los pacientes que sufren de ansiedad y se han vuelto muy populares en la actualidad. De hecho, las personas que sufren de ansiedad se encuentran entre las muchas que buscan tratamientos alternativos (Kessler y otros, 2001). Desafortunadamente, a pesar de la enorme cantidad de información acerca de los beneficios de los productos herbarios, no existe mucha evidencia científica que avale actualmente tales procedimientos alternativos. Éstos no se regulan de la misma manera que los fármacos descritos anteriormente en este capítulo. Por lo tanto, no se conoce mucho acerca de su eficacia, su dosificación, sus efectos secundarios o sus interacciones con otros medicamentos.

No se sabe lo suficiente al respecto como para poder recomendar el uso de los productos herbarios en el tratamiento de la ansiedad. El uso de cualquier de ellos deberá ser consultado con su médico, especialmente si está tomando otras medicinas, ya que pueden existir efectos o interacciones adversos.

¿Debe usted considerar la idea de tomar medicamentos?

La decisión sobre si tomar o no medicamentos se debe basar en sus preferencias personales, el conocimiento de las opciones disponibles y de la consulta con su médico. Éstos son algunos puntos que deberán considerarse al tomar una decisión:

- ¿Cómo le ha ido con los ejercicios de este libro? ¿Ha logrado practicar las técnicas conductuales cognitivas? ¿Ha notado una reducción de sus síntomas? ¿O ha experimentado algún problema para poner en práctica las técnicas y dedicarse a ellas?

- ¿Le resulta difícil manejar los síntomas físicos de la ansiedad a pesar de utilizar las técnicas de control?

- ¿Sufre alguna enfermedad que no le permita tomar medicinas para el tratamiento de su ansiedad?

- ¿Está tomando algún otro medicamento que pudiera interactuar con el indicado contra la ansiedad?

- ¿Cómo ha respondido a cualquier fármaco anterior? ¿Suele ser sensible a los efectos secundarios de los medicamentos?

- ¿Qué tan disponibles están en su comunidad las otras opciones de tratamiento, como la terapia conductual cognitiva?

Ejercicio: prepárese para hablar con su médico

Ahora que ya conoce un poco sobre las opciones medicinales que están a su disposición y que ha tomado en cuenta algunos puntos relevantes para una decisión, haga una lista de preguntas para su médico. Asegúrese de llevar consigo la lista en su siguiente cita y discuta con él sus dudas, de tal manera que puedan decidir juntos el mejor curso de acción.

Puntos esenciales

- Varias medicinas han sido aprobadas por la FDA para el tratamiento del trastorno generalizado de la ansiedad.
- Los medicamentos poseen ventajas y desventajas, cada una de las cuales deberá analizarse cuidadosamente de acuerdo con su situación particular.
- Si bien los remedios herbarios son considerados eficaces en la ansiedad, existe poca evidencia que avale esas afirmaciones.
- Siempre debe consultar a su médico antes de comenzar a tomar cualquier medicamento o tratamiento herbario contra la ansiedad.

EPÍLOGO:
CONSERVE SUS LOGROS

Después de haber aplicado las soluciones descritas en este libro, es muy probable que ya haya observado una importante disminución en sus niveles de angustia. Conforme va avanzando en su control, también habrá notado que es un reto. La lucha contra ella suele ser muy difícil, llena de victorias y derrotas, hasta que finalmente su angustia se rinde y se aleja. Tome unos minutos para felicitarse a sí mismo por haber logrado su control. Cualquiera de sus logros es digno de halago y celebración.

Una vez que haya progresado, el siguiente reto será conservar sus logros. Para mantener su progreso y controlarla se requieren cuatro pasos: la práctica continua de las estrategias incluidas en este libro, la detección temprana de su reaparición, la identificación de la angustia improductiva y utilizar las soluciones que le funcionaron mejor para dominar las nuevas angustias improductivas.

El primer y más importante paso es la práctica regular de las soluciones descritas en este libro. La continua práctica de estas habilidades y conceptos mejorarán su progreso y le ayudarán a evitar que su angustia vuelva a salirse de control. Así como se requiere de un ejercicio regular para mantenerse en forma, también se necesita de una práctica regular para mantener la angustia bajo control.

También es muy importante que observe si regresa nuevamente. Al reconocerla de inmediato, podrá actuar rápidamente para recuperar el control. Algunas señales de advertencia pueden ser un retorno de los síntomas físicos provocados por la ansiedad o una mayor frecuencia de los pensamientos negativos. La detección temprana es muy importante porque, cuando la angustia vuelve, lo hace, a menudo, de manera distinta. Recuerde que en la primera solución descrita en este libro usted enumeraba sus angustias. Sin embargo, esa lista representaba sus angustias en ese momento. Ellas pueden —y es muy probable que lo hagan— cambiar con el tiempo. Esté consciente de que las nuevas pueden ser completamente diferentes a las primeras. Ahora bien, aunque cambien, usted puede utilizar las mismas técnicas para controlarlas.

Una vez que reconozca que se está volviendo a angustiar, pregúntese si su angustia es productiva o improductiva. ¿Su angustia le permite encontrar posibles soluciones y lo motiva a resolver sus problemas? ¿O se encuentra atrapado en una telaraña angustiosa, dando vueltas y vueltas sin hallar una salida? Si la angustia no lo está llevando a encontrar una solución, entonces se tratará de una de tipo improductivo.

Si la identifica como improductiva, entonces intente probar con este libro. Todos los pasos descritos en él son eficaces contra la angustia, pero no todos les sirven a todos. Al igual que muchas personas, probablemente haya usted descubierto que algunas de las soluciones son más eficaces que otras. ¿Cuáles le funcionaron mejor? Anote en su libreta las estrategias que le funcionaron mejor. Éstas le ofrecen la clave para el continuo dominio de su angustia. Cuando surja una improductiva, vuelva a esas soluciones Por ejemplo, si le resultó de particular utilidad poner a prueba su pensamiento, observe atentamente si surgen nuevos pensamientos distorsionados. Cuando los atrape, utilice las estrategias del capítulo 4 para desenredar sus ideas. Si encontró útiles las técnicas de relajación, practíquelas de manera regular.

Cuando sufra de un nuevo ataque de angustia, tal vez se sienta desmoralizado y derrotado. Tal vez se sienta tentado a buscar una nueva cura o un método distinto para vencerla. Cuando regresa, es muy común tener la tendencia a tratar de reinventar la rueda. Igual que una persona obesa busca la dieta más actualizada, tal vez se encuentre usted buscando nuevos métodos para enfrentar su angustia y volver a sentirse relajado y bajo control. Esta tentación es muy natural. Sin embargo, en la mayoría de los casos, el método más eficaz se halla en las mismas soluciones que le funcionaron la primera vez. Es muy probable que éstas, con tiempo y esfuerzo, le vuelvan a funcionar.

Estos cuatro pasos son la clave para conservar sus logros y mantenerse libre de angustia de por vida.

Si requiere de más apoyo

Si observa que la angustia sigue siendo un problema significativo para usted después de haber trabajado en las soluciones descritas en este libro, tal vez le sirva buscar apoyo adicional. Buscar a un terapeuta especializado en la terapia conductual cognitiva y que tenga experiencia con los trastornos de la ansiedad puede ser la clave para liberar su angustia. Los organismos profesionales, como la Anxiety Disorders Association of America (http://www.adaa.org www.adaa.org), la Association Behavioral and Cognitive Therapies (http://www.abct.org www.abct.org) y la Academy of Cognitive Therapy (http://www.academyofct.org www.academyofct.org) le pueden ayudar a encontrar a un terapeuta calificado en su área.

LECTURAS RECOMENDADAS

Benson, H., *The Relaxation Response*, Nueva York, Harper Torch, 1975.

El trabajo de Benson detalla las ventajas de practicar la relajación y describe una técnica de meditación sencilla para obtener esas ventajas.

Bourne, E. J., *The Anxiety and Phobia Workboo*, 4a. ed., Oakland, New Harbinger Publications, 2005.

Este libro ofrece una extensa colección de estrategias para dominar la ansiedad. Incluye consejos sobre nutrición, relajación, relaciones y más.

Burns, D. D., *The Feeling Good Handbook*, ed. revisada, Nueva York, Plume, 1999.

Este famoso libro contiene muchas técnicas cognitivas para controlar la ansiedad y la angustia.

Craske, M. G. y D. H. Barlow, *Mastery of Your Anxiety and Worry*, Workbook, 2a. ed., Nueva York, Oxford University Press, 2006.

Este libro de trabajo describe los métodos conductuales cognitivos para enseñarles a las personas que sufren de angustia a manejarla de manera más eficaz.

Davis, M. M., McKay, y E. R. Eshelman, *The Relaxation and Stress Reduction Workbook*, 5ta ed., Oakland, New Harbinger Publications, 2000.

Este libro de trabajo describe detalladamente las estrategias que resultan eficaces para reducir el estrés y relajarse.

Leahy, R. L., *The Worry Cure*, Nueva York, Harmony, 2005.

The Worry Cure utiliza los principios de la terapia conductual cognitiva, así como la terapia de aceptación y compromiso para ayudar a los   lectores a lidiar con la angustia.

White, J. R., *Overcoming Generalized Anxiety Disorder — Client Manual: A Relaxation, Cognitive Restructuring, and Exposure-Based Protocol for the Treatment of GAD*, Oakland, New Harbinger Publications, 1999.

En el manual para el paciente de White, encontrará métodos probados científicamente para dominar la angustia.

REFERENCIAS

Albrant, D. H., "Protocolos de la Asociación Farmacéutica Americana (APhA, *American Pharmaceutical Association*) para el tratamiento con medicamentos: Manejo de pacientes con trastorno generalizado de ansiedad. Consejo de la Asociación Farmacéutica Americana para los Trastornos Psiquiátricos", *Journal of the American Pharmaceutical Association*, 1998, 38(5), pp. 543-550.

Allen, H. N. y L. W. Craighead, "Monitoreo del apetito durante el tratamiento del trastorno del comedor compulsivo", *Behavior Therapy*, 1999, 30, pp. 253-272.

Asociación Americana de Psiquiatría, *Diagnostic and Statistical Manual of Mental Disorders*. 4a. ed., revision de texto, Washington, D. C., 2000.

Asociación Americana para Trastornos de la Ansiedad, "Nuevo estudio revela cómo el trastorno generalizado de la ansiedad interfiere con la capacidad de mantener relaciones 'sanas', 2004: http://www.adaa.org/aboutADAA/newsletter/newsurvey04.

htm"www.adaa.org/aboutADAA/newsletter/new-survey04.htm (último acceso 27 de abril de 2006).

Beck, A. T., G. Emery y R. L. Greenberg, *Anxiety Disorders and Phobias: A Cognitive Perspecive*, Basic Books, Nueva York, 1985.

Beck, A. T., A. J. Ruch, B. F. Shaw y G. Emery, *Cognitive Therapy of Depression*, Guilford Press, Nueva York, 1979.

Benson, H., *The Relaxation Response*, HarperTorch, Nueva York, 1975.

Bielski, R. J., A. Bose y C. C. Chang, "Comparación anónima de escitalopram y paroxetine en el tratamiento a largo plazo del trastorno generalizado de ansiedad", *Annals of Clinical Psychiatry*, 2005, 17(2), pp. 65-69.

Borkovec, T. D., "Pseudoinsomnio (vivencial) e insomnio repentino: temas teóricos y terapéuticos", *Advances in Behaviour Research and Therapy*, 1979, 2, pp. 27-55.

Borkovec, T. D. y E. Costello, "La eficacia de la relajación aplicada y de la terapia conductual cognitiva en el tratamiento del trastorno generalizado de ansiedad", *Journal of Consulting and Clinical Psychology*, 1993, 61, pp. 611-619.

Borkovec, T. D. y J. Inz, "La naturaleza de la angustia en el trastorno generalizado de ansiedad: el predominio del pensamiento", *Behaviour Research and Therapy*, 1990, 28(2), pp. 153-158.

Borkovec, T. D., W. J. Ray y J. Stöber, "Angustia: un fenómeno cognitivo íntimamente ligado con los procesos conductuales afectivos, fisiológicos e interpersonales", *Cognitive Therapy and Research*, 1998, 22, pp. 561-576.

Bourne, E. J., *The Anxiety and Phobia Workbook*, 4a. ed., New Harbinger Publications, Oakland, 2005.

Bower, S. A. y G. H. Bower, *Asserting Yourself: A Practical Guide for Positive Change*, 2a. ed., Perseus Books, Nueva York, 1991.

Brown, T. A., T. A. O'Leary y D. H. Barlow, "El trastorno generalizado de la ansiedad", en *Clinical Handbook of Psychological Disorders*, editado por D. H. Barlow, 3ª. ed., Guilford Press, Nueva York, 2001.

Burns, D. D., F*eeling Good: The New Mood Therapy*, edición revisada, HarperCollins, Nueva York, 1999a.

Burns, D. D., *The Feeling Good Handbook*, edición revisada, Pluma, Nueva York, 1999b.

Craske, M. G., R. M. Rapee, L. Jackel y D. H. Barlow, "Dimensiones cualitativas de la angustia en temas de trastorno generalizado de ansiedad DSM-III-R y controles antiansiolíticos", *Behaviour Research and Therapy*, 1989, 27, pp. 397-402.

Dugas, M. J., K. Buhr y R. Ladouceur, "El papel de la intolerancia a la incertidumbre en la etiología y el mantenimiento", en *Generalized Anxiety Disorder: Advances in Research and Practice*, editado por R. Heimberg, C. Turk y D. Mennin, Guilford Press, Nueva York, 2004.

Dugas, M. J., F. Cagnon, R. Ladouceur y M. H. Freeston, "Trastorno generalizado de ansiedad: prueba preliminar de un modelo conceptual", *Behaviour Research and Therapy*, 1998, 36(2), pp. 215-226.

Dugas, M. J., M. Hedayati, A. Karavidas, K. Buhr, K. Francis y N. Phillips, "Intolerancia a la incertidumbre y procesamiento de la información: evidencia de recuerdos e interpretaciones influenciados", *Cognitive Therapy and Research*, 2005, 29(1), pp. 57-70.

Dugas, M. J. y R. Ladouceur, "Tratamiento para el GAD: dirigido a la intolerancia a la incertidumbre en dos tipos de angustia", *Behavior Modification*, 2000, 24(5), pp. 635-657.

Ellis, A. E. y R. A. Harper, *A New Guide to Rational Living*, Wilshire Book Company, Hollywood, 1975.

Foa, E. B. y M. E. Franklin, "Trastorno obsesivo-compulsivo", en *Clinical Handbook of Psychological Disorders*, 3ª. ed., editado por D. H. Barlow, Guilford Press, Nueva York, 2001.

Goodman, W. K., "Elegir la farmacoterapia para el trastorno generalizado de la ansiedad, *Journal of Clinical Psychiatry 2004*, 65(supl. 13), pp. 8-13.

Jacobson, E., Progressive Relaxation, Chicago, *University of Chicago Press*, 1929.

Kessler, R. C., J. Soukup, R. B. Davis, D. F. Foster, S. A. Wilkey, M. M. Van Rompay y D. M. Eisenberg, "El uso de terapias complementarias y alternativas para tratar la ansiedad y la depresión en Estados Unidos", *American Journal of Psychiatry*, 2001,158, pp. 289-294.

Ladouceur, R., M. J. Dugas, M. H. Freeston, E. Leger, F. Gagnon y N. Thibodeau, "Eficacia de un tratamiento conductual cognitivo para el trastorno generalizado de ansiedad: evaluación en un estudio clínico controlado", *Journal of Consulting and Clinical Psychology*, 2000, 68(6), pp. 957-964.

Lang, A. J., "Tratamiento del trastorno generalizado de ansiedad con terapia conductual cognitiva", *Journal of Clinical Psychiatry*, 2004, 65(supl. 13), pp. 14-19.

Lange, A. J. y P. Jakubowski, *Responsible Assertive Behavior: Cognitive/Behavioral Procedures for Trainers, Research Press, Champaign*, 1976.

Leahy, R. L., *Cognitive Therapy Techniques*, Guilford Press, Nueva York, 2003.

Leahy, R. L., "Terapia conductual cognitiva", en *Generalized Anxiety Disorder: Advances in Research and Practice*, editado por R. Heimberg, C. Turk y D. Mennin, Guilford Press, Nueva York, 2004.

Llorca, P. M., C. Spadone, O. Sol, A. Danniau, T. Bougerol, E. Corruble, M. Faruch, J. P. Macher, E. Sermet y D. Savant, "Eficacia y confiabilidad de la hidroxisina en el tratamiento del trastorno generalizado de ansiedad: estudio anónimo de tres meses", *Journal of Clinical Psychiatry*, 2002, 63, pp. 1020-1027.

Lusk, J. T., *30 Scripts for Relaxation, Imagery and Inner Healing, Duluth, Whole Person Associates*, 1993.

Mennin, D. S., R. G. Heimberg y C. L. Turk , "Presentación clínica y características de diagnóstico", en *Generalized Anxiety Disorder: Advances in Research and Practice*, editado por R. Heimberg, C. Turk y D. Mennin, Nueva York, Guilford Press, 2004.

Meyer, V., "Modificación de las expectativas en los casos de ritualidad obsesiva", *Behavior Research and Therapy*, 1966, 4, pp. 273-280.

Pohl, R. B., D. E. Feltner, R. R. Fieve y A. C. Pande, "Eficacia de la pragabilina en el tratamiento del trastorno generalizado de ansiedad: comparación anónima controlada por placebos entre las dosis de BID y TID", *Journal of Clinical Psychopharmacology*, 2005, 25(2), pp. 151-158.

Pollack, M. H., "Mejoramiento de la farmacoterapia en el trastorno generalizado de ansiedad a fin de eliminar los síntomas", *Journal of Clinical Psychiatry*, 2001, 62(supl. 19), pp. 20-25.

Rapp, J. T., R. G. Miltenberger, E. S. Long, A. J. Elliott y V. A. Lumley, "Tratamiento simplificado de regresión de hábitos para la tricotilomanía crónica en caso de tres adolescentes: réplica clínica con observación directa", *Journal of Applied Behavior Analysis*, 1998, 31, pp. 299-302.

Rickels, K., M. H. Pollack, D. E. Feltner, R. B. Lydiard, D. L. Zimbroff, R. J. Bielski, K. Tobias, J. D. Brock, G. L. Zornberg y A. C. Pande, "La pregabalina en el tratamiento del trastorno generalizado de ansiedad: prueba anónima multicentral controlada por placebos de la pregabalina y el alprazolam con duración de cuatro semanas", *Archives of General Psychiatry 2005*, 62(9), pp. 1022-1030.

Rickels, K., M. H. Pollack, D. V. Sheehan y J. T. Hawkins, "Eficacia de la venlafaxina de liberación prolongada en pacientes externos no depresivos que padecen trastorno generalizado de ansiedad", *American Journal of Psychiatry 2000*,157, pp. 968-974.

Rossman, M. L., *Guided Imagery for Self-Healing: An Essential Resource for Anyone Seeking Wellness*, 2a. ed., H. J. Kramer, Tiburon, 2001.

Sheehan, D. V., "Lograr la eliminación de los síntomas en el trastorno generalizado de ansiedad: datos comparativos de la venlafaxina de liberación prolongada, *Journal of Clinical Psychiatry*, 2001, 62(supl. 19), pp. 26-31.

Steketee, G., *Treatment of Obsessive-Complsive Disorder*, *Guilford Press*, Nueva York, 1993.

Stöber, J. y J. Joorman, "Angustia, postergación y perfeccionismo: distinguir entre cantidad de angustia, angustia patológica, ansiedad y depresión, *Cognitive Therapy and Research*, 2001, 25, pp. 49-60.

Van Eerde, W., "Postergación en el trabajo y capacitación en el manejo del tiempo", *Journal of Psychology*, 2003, 137(5), pp. 421-434.

Wegman, D., *White Bears and Other Unwanted Thoughts: Suppression, Obsession and the Psychology of Mental Control, Guilford Press*, Nueva York, 1994.

Wells, A., "Modelo cognitivo del trastorno generalizado de ansiedad", *Behavior Modification*, 1999, 23(4), pp. 526-555.

Zinbarg, R. E., M. G. Craske y D. H. Barlow, *Master of Your Anxiety and Worry: Therapist Guide, Harcourt Brace*, San Antonio, 1993.

Dr. KEVIN L. GYOERKOE, psicólogo certificado y codirector de la Clínica contra la Ansiedad y la Agorafobia ubicadas en Chicago y Northbrook, IL.

Dra. PAMELA S. WIEGARTZ, profesora asistente en psicología clínica en la Universidad de Illinois, en Chicago.

ÍNDICE

Reconocimientos 9

Introducción 11

Cómo utilizar este libro 15

1. Conozca la angustia 17

2. Comprométase 37

3. Aprenda a relajarse 49

4. Transforme su manera de pensar 71

5. Reaccione de manera diferente 97

6. Acepte la incertidumbre 117

7. Administre su tiempo 135

8. Comuníquese de manera asertiva 151

9. Enfrente sus angustias 165

10. Conozca sus medicamentos 179

Epílogo: conserve sus logros 191

Lecturas recomendadas 195

Referencias 197

*10 soluciones simples para vencer
la angustia*, de Kevin L. Gyoerkoe y
Pamela S. Wiegartz, fue impreso
y terminado en octubre de 2010 en
Encuadernaciones Maguntis,
Iztapalapa, México, D. F.
Teléfono: 5640 9062.